国家统一法律职业资格考试

李晗讲商经法之主观题冲刺

⑤

李　晗　编著

中国商务出版社
CHINA COMMERCE AND TRADE PRESS

图书在版编目（CIP）数据

李晗讲商经法之主观题冲刺 . 5 ／ 李晗编著 . —— 北京：中国商务出版社，2019.9

国家统一法律职业资格考试

ISBN 978-7-5103-3053-7

Ⅰ. ①李… Ⅱ. ①李… Ⅲ. ①商法 – 中国 – 资格考试 – 题解 ②经济法 – 中国 – 资格考试 – 题解 Ⅳ. ①D923. 99 – 44 ②D922. 29 – 44

中国版本图书馆 CIP 数据核字（2019）第 184990 号

国家统一法律职业资格考试·李晗讲商经法之主观题冲刺5

李 晗 编著

出　　　版：中国商务出版社有限公司

地　　　址：北京市东城区安定门外大街东后巷 28 号　　邮编：100710

责任部门：创新运营事业部（010 – 64515145　LYJ@ cctpress. com）

责任编辑：薛庆林

助理编辑：刘玉洁

总 发 行：中国商务出版社发行部（010 – 64266193　64515150）

网　　　址：http://www. cctpress. com

邮　　　箱：cctp@ cctpress. com

排　　　版：北京唐人佳悦文化传播有限公司

印　　　刷：三河市越阳印务有限公司

开　　　本：787 毫米 × 1092 毫米　1/32

印　　　张：5. 5　　　　　　　　　字　数：141 千字

版　　　次：2019 年 9 月第 1 版　　　印　次：2019 年 9 月第 1 次印刷

书　　　号：ISBN 978-7-5103-3053-7

定　　　价：76. 00 元

目　录

公司法

一、公司法人人格否认制度

（一）知识点

概念	公司法人人格否认制度，是指在特定的法律关系中，如果公司股东滥用公司法人独立地位和股东有限责任，逃避债务，严重损害公司债权人利益的，应当对公司债务承担连带责任。
特征	1. 法人人格否认是公司独立担责、股东有限责任的例外。公司人格被否认，相关股东应当对公司债务承担连带责任。 2. 不是全面否认公司独立法人地位，而是个别地针对特定事件、相对地否认公司的法人人格，是将特定事件所产生的债务由特定股东和公司连带，并不针对公司全体股东。 3. "法人人格否认"需慎用，不能滥用。 一般仅仅在公司没有清偿能力的时候才适用，唯有否认法人的人格方能保护债权人的利益，才得以使用。如果债权人的债权之上已经设立了保证、质押等债的担保，债权人的债权基本能够通过债的担保而获得救济，则没有适用法人人格否认的必要。
表现方式	1. 注册资金不实，使公司法人人格自始不完整。 公司资本不足，明显恶意对外负债，侵犯债权人利益的情况下，否认公司法人人格，判令公司股东对公司债务承担连带责任。 2. 公司与股东存在财产混同、业务混同和人员混同的情况。（人、财、务） （1）横向人格混同。关联公司之间表征人格的因素（人员、

表现方式	业务、财务等）高度混同，导致各自财产无法区分，已丧失独立人格，构成人格混同。因此应对公司的债务承担连带清偿责任。 例如：A 出资设立 B、C、D 三家公司，而 B、C、D 的人、财①、务高度重合，利用 B 转移财产，抽逃出资，对外负债，侵害债权人的利益。那么，可以让 C、D 对 B 的对外债务承担连带责任。 （2）纵向人格混同。股东与其所设立的公司之间人格混同。 例如：A 出资设立子公司 B，A 和 B 人、财、务高度重合，利用 B 转移出资，对外负债，侵害债权人的利益。那么，可以否认 B 公司独立法人人格，让 A 对 B 的对外债务承担连带责任。
	3. 股东对公司进行过度支配和控制。 表现形式：子公司向母公司及其他子公司输送利益；母、子公司进行交易，收益归母公司，损失却由子公司承担；先抽逃公司资金或解散公司或宣告公司破产，再以原设备、场所、人员及相同经营目的另设公司，从而逃避原公司债务。 例如：A 公司的两个股东 B 公司和 C 公司，其中 B 公司是控股股东，占有 70% 股权，基于控股股东的身份，B 公司派李某担任 A 公司法定代表人兼董事长，后来 B 公司和李某串通，将 A 公司的资产全部用于 B 公司的一个大型项目，诱发 A 公司巨额亏损，此时，可让滥用股东权的 B 公司对 A 公司债务承担连带责任。

---

① 出现以下情形之一的，可以认定为财务或者财产混同：（1）股东随意无偿调拨公司资金或者财产，不作财务记载的；（2）股东用公司的资金偿还股东个人的债务，或者调拨资金到关联公司，不作财务记载的；（3）公司账簿与股东账簿不分；（4）股东自身收益与公司盈利不加区分，致使双方利益不清；（5）公司的财产记载于股东名下，由股东占有、使用。

表现方式	4. 公司清算程序中的法人人格否认。 有限责任公司的股东、股份有限公司的董事和控股股东： （1）未在法定期限内成立清算组开始清算，导致公司财产贬值、流失、毁损或者灭失，债权人有权主张其在造成损失范围内对公司债务承担赔偿责任。 （2）因怠于履行义务，导致公司主要财产、账册、重要文件等灭失，无法进行清算，债权人主张其对公司债务承担连带清偿责任的，人民法院应依法予以支持。 （3）上述情形系实际控制人原因造成，债权人有权主张实际控制人对公司债务承担相应民事责任。 注意： （1）关于怠于履行清算义务的认定：怠于履行清算义务的行为，是指有限责任公司股东在法定清算事由出现后，在能够履行清算义务的情况下，因故意拖延、拒绝履行清算义务，或者因过失导致公司清算无法及时顺利进行的行为。股东能够证明其已经为履行清算义务作出了积极努力，未能履行清算义务是由于实际控制公司主要财产、账册、重要文件的股东的故意拖延、拒绝清算行为等客观原因所导致的，不能以其怠于履行清算义务为由，让其承担清算责任。 （2）因果关系抗辩：有限责任公司的股东能够证明其未能及时履行清算义务的行为与公司主要财产、账册、重要文件等灭失之间没有因果关系的，应当认定其怠于履行清算义务的行为与公司无法清算而造成债权人的损失之间不存在因果关系，该股东据此抗辩不应承担赔偿责任的，人民法院应当予以支持。 （3）诉讼时效：债权人以公司未及时清算、无法清算为由主张清算义务人承担民事赔偿责任的诉讼时效，自债权人知道或者应当知道公司法定清算事由出现之日的第16日起开始起算。

表现方式	5. "反向否认公司法人人格"又称为"逆向否认公司法人人格",是指公司对股东的债权承担连带责任①。 例如:一人公司的股东将自己的财产都转移到一人公司,将债务留给自己,那么此一人公司的股东的债权人,可诉请一人公司对其股东债务承担连带责任。
在执行程序中,可追加公司股东作为被执行人,直接适用公司法人人格否认	当被执行人为逃避法院强制执行而设立新公司,并将原公司财产转移至新公司,利用公司法人独立人格制度规避法律义务时,法院可以应债权人的申请,在执行程序中,裁定追加公司股东或其他相关公司作为被执行人。可结合民事诉讼法中《最高人民法院关于民事执行中变更、追加当事人若干问题的规定》(2016)来掌握执行中的公司法人人格否认的适用。
诉讼地位	1. 债权人与公司之间的债务已由生效法律文书确认,债权人另行提起公司人格否认诉讼,要求股东对债务承担连带责任的,股东为被告,公司为第三人; 2. 债权人就其与公司之间的债务提起诉讼的同时,一并提起公司人格否认诉讼,要求股东承担责任的,公司和股东为共同被告; 3. 债权人与公司之间的债务尚未经生效法律文书确认,债权人直接提起公司人格否认诉讼,要求股东对债务承担责任的,人民法院应当向债权人释明,追加公司为共同被告。

① 《最高人民法院关于审理与企业改制相关的民事纠纷案件若干问题的规定》(法释〔2003〕1号)第7条规定:企业以其优质财产与他人组建新公司,而将债务留在原企业,债权人以新设公司和原企业作为共同被告提起诉讼主张债权的,新设公司应当在所接收的财产范围内与原企业共同承担连带责任。这一规定就明显地带有"反向否认公司法人人格"的特征,可以责令新设公司对原企业(新设公司的股东单位)的债务承担有限清偿责任。目前,司法实践中对于"反向否认公司法人人格"仍持谨慎的态度,目前不宜随便支持适用。此外,最高人民法院(2013)民二终字第120号王太山与刘延安、王玉堂、昌吉市晋煤煤矿有限责任公司平海生股权转让纠纷案,也适用了"反向否认公司法人人格"。

（二）实战演练

例1 甲与乙系夫妻，共同发起设立有限责任公司丙。丙公司于 2000 年向丁信用社借款，期限一年。后丙公司于 2001 年因未参加年检被工商局吊销营业执照，此后公司债权人丁起诉到法院，要求甲、乙两股东承担债务清偿责任。经审理查明，丙公司注册资本 50 万元，甲出资 30 万元，其中货币资金 10.9 万元，实物出资 19.1 万元，乙出资 20 万元，全部为实物出资。两股东之实物出资均未评估作价，其中厂房、汽车、设备等亦未办理产权移转手续。请问对丙公司债务应如何处理？

答： 本案可以适用法人人格否认制度，主要理由在于公司的财产与股东个人的财产混同。在本案中，两股东的实物出资，均未办理产权移转手续，出资明显不实。两股东又是夫妻关系，家庭财产与个人财产已不易分清，在经营中必然导致公司财产与股东个人财产混合在一起，难以分清哪些是公司的财产，哪些是个人的财产。因此应适用公司法人人格否认制度。

例2 2012 年 6 月，曹某一人出资注册成立了悦享（化名）公司，注册资本为 50 万元。曹某系悦享公司的唯一股东，同时担任公司的法定代表人。2016 年，悦享公司由于欠付店面租金 15 万元被出租人告上了法庭，同时出租人以曹某个人财产与公司财产混同为由，要求曹某对公司欠付的租金承担连带责任。曹某对公司欠付的租金表示认可，但是辩称自己的财产没有与公司的财产混同。然而，曹某在诉讼中不能够提交悦享公司的完整财务会计账册，且公司的会计和出纳均由曹某的妻子姚某担任。从出租人提交的银行转账凭证看，2013 年、2014 年的租金分别是从曹某个人账户和曹某儿子的账户支付的。请问曹某是否需要对公司所欠租金承担连带责任？为什么？

答：曹某的财产与悦享公司的财产混同，曹某应当对悦享公司欠付的租金承担连带责任。依据《公司法》第 63 条规定："一人有限责任公司的股东不能证明公司财产独立于股东自己的财产的，应当对公司债务承担连带责任。"相较于普通的有限责任公司，一人有限责任公司是只有一个自然人股东或者一个法人股东的有限责任公司，为防止一人有限公司股东利用公司有限责任来规避义务，规定了财产混同情形下的股东连带责任。本案中，股东曹某设立的一人公司不能提交一人公司的财务会计账册，且租金是直接从股东个人账户进行的支付，会计和出纳均由曹某的妻子姚某担任，说明没有建立独立规范的财务制度，财务支付混乱，更不能提供符合法律法规和行业标准的审计报告。因此，曹某的财产与悦享公司的财产混同，对悦享公司适用法人人格否认，股东曹某应对公司所欠租金承担连带责任。

二、公司的分类

分类标准	具体类型	区别规定
股东责任范围	股份公司、有限公司	1. 我国公司法上的股东都是承担有限责任，公司以自己独立的法人财产独立承担责任。 2. 有限责任公司的股东以其认缴的出资额为限对公司承担责任。 3. 股份有限公司的股东以其认购的股份为限对公司承担责任。

股份转让方式	封闭性公司、开放性公司	1. 有限责任公司属于封闭性公司。（人数≤50；不能发行股票） 2. 股份有限公司属于开放性公司，但非上市股份公司仍然具有一定的封闭性，上市公司才是真正意义上的开放性公司。（人数无上限，可发行股票）
公司之间关系	母公司、分公司、子公司	1. 母公司是指拥有其他公司一定数额的股份或根据协议，能够控制、支配其他公司的人事、财务、业务等事项的公司。 2. 子公司是指一定数额的股份被另一公司控制或依照协议被另一公司实际控制、支配的公司。子公司具有独立的法人资格；分公司不具有独立的法人资格。 3. 分公司是指在业务、资金、人事等方面受本公司管辖而不具有法人资格的分支机构。 （1）"两个没有"：没有独立财产，不能独立承担责任。 （2）"两个有"： ①依法设立并领取营业执照的分公司可作为民事诉讼当事人，具有诉讼资格①；但是，分公司不能起诉总公司，分公司之间也不能彼此起诉，属于公司内部矛盾，不属于法院受理民事诉讼的范围。 ②有独立的缔约能力。 4. 设立子公司、分公司，都应向其所在地公司登记机关申请登记，领取营业执照。

---

① 《民事诉讼法》第 48 条第 1 款规定："公民、法人和其他组织可以作为民事诉讼的当事人。"《民诉解释》第 52 条第（五）项规定："民事诉讼法第四十八条规定的其他组织是指合法成立、有一定的组织机构和财产，但又不具备法人资格的组织，包括：（五）依法设立并领取营业执照的法人的分支机构。"

公司之间关系	母公司、分公司、子公司	5. 分公司经营范围不能突破总公司。子公司经营范围可以突破母公司。 6. 被执行人为法人的分支机构不能清偿债务时，可以裁定法人为被执行人。法人直接经营管理的财产仍不能清偿债务的，可以裁定执行该法人其他分支机构的财产。
公司成立基础	人合、资合、人合兼资合	1. 人合公司指公司经营活动以股东个人信用，而非公司资本为基础。 2. 资合公司指公司的经营活动以公司资本，而不是股东个人信用为基础。（例如：上市公司，强制性规范多） 3. 人合兼资合公司是指兼具上述两种特征的公司。（例如：有限公司，强制性规范少） 4. 由人合到资合的过渡： 普通合伙企业（无限公司，人合）——有限责任公司（人合＋资合）——非上市股份有限公司（资合为主，部分人合）——上市公司（资合）

三、公司的权利能力和行为能力

权利能力、行为能力的起始与终止	1. 权利能力、行为能力同时产生同时终止。（不同于自然人） 2. 始：公司营业执照签发之日。 3. 终：公司注销登记。
公司意思能力与行为能力实现	1. 公司的行为能力由公司的法定代表人实现。 2. 公司法定代表人依照公司章程的规定，由董事长、执行董事或者经理担任，并依法登记。 3. 公司代表权和代理权的区别： （1）法律关系不同：法定代表人是公司的机关，与公司具有同一人格，代表公司所为的行为是公司的行为，自然应当由公司承担后果；公司代理人只是基于代理制度而对公司产生

公司意思能力与行为能力实现	法律效力。 （2）权限不同：法定代表人的代表权限"无限制即有代表权"，限制只能通过章程等文件作出特别规定。公司代理人"无授权则无权利"。 （3）越权代理和越权代表的效力差异：《合同法》第 50 条规定："法人或者其他组织的法定代表人、负责人超越权限订立的合同，除相对人知道或者应当知道其超越权限的以外，该代表行为有效。"基于维护交易安全和便捷的目的，即使对法定代表人的限制已经在公司章程中载明，也不能推定相对人应该知道。而公司代理人根据授权对外行事，作为交易相对人审查代理人的权限是应尽的必要注意义务，越权行为认定无效，除非构成表见代理。 4. "人章分离"情况下的公司诉讼代表人的确定应以"人"来确定：在公司法定代表人和公章控制人不是一个人的情况下，应以"人"来作为诉讼代表人。例如：A 的授权是基于法定代表人签名的委托书，B 的授权是加盖公司公章的委托书。出现"人章冲突"的情况下，因公章只反映公司的授权，本身不能代表公司意志，因此经法定代表人授权的 A 才有权代表公司起诉或者应诉。 5. "人章同时具备"才能起诉：因公司股东之间发生严重冲突，导致在公司提起诉讼时，可能出现法定代表人不持有公章，而持有公章的人又不是法定代表人的情形。此时，判断由谁代表公司起诉，实践中尺度并不统一。为避免司法过度介入公司内部治理事项，人民法院应当告知相关当事人先解决公司内部纠纷，在实现人章一致后再向人民法院起诉。在此之前，不论是不持有公章的法定代表人代表公司提起诉讼，还是持有公章的人代表公司提起诉讼，均应驳回其起诉。
公司经营范围限制	1. "章程规定 + 登记"：公司的经营范围由公司章程规定，并依法登记。 2. 当事人超越经营范围订立合同，法院不因此认定合同无效。

公司经营范围限制	但违反国家限制经营、特许经营以及法律、行政法规禁止经营规定的除外。
公司的转投资	1. 公司可以向其他企业投资。 一般情形：公司可以向合伙企业投资作为合伙人，普通合伙人、有限合伙人都可以。 例外：但是国有独资公司、国有企业、上市公司以及公益性的事业单位、社会团体不得成为普通合伙人，只能作为有限合伙人。 2. 公司向其他企业投资，按照公司章程的规定由董事会或股东会、股东大会决议。 3. 公司对外投资无强制比例限制，由章程规定。公司章程对投资的总额及单项投资的数额有限额规定的，不得超过规定的限额。
公司的担保	对外担保的规定： 1. 按照公司章程的规定由董事会或者股东会、股东大会决议； 2. 公司章程对担保的总额及单项担保的数额有限额规定的，不得超过规定限额。 公司对外担保合同效力认定原则： 公司机关决议是判断担保行为是否经公司同意的直接证据，原则上，只要是未经决议授权的担保行为，就可以认定属于无权代表或者无权代理行为。 《公司法》关于公司机关决议程序的规定，意味着担保行为不是法定代表人所能单独决定的事项。公司法定代表人或者代理人对外提供担保，必须以公司股东大会、股东会、董事会等公司机关决议作为授权的基础和来源。在案件审理过程中，应当根据《民法通则》《民法总则》和《合同法》关于代表或者代理的相关规定，审查担保行为是否履行了公司决议程序，并在此基础上确定担保合同的效力及其效果归属。公司为股东、实际控制人、法定代表人等关联人提供担保的，应当严格依法审查行为人的代表或者代理权限。

公司的担保	公司对外担保合同效力认定例外： 1. 担保人是以为他人提供担保为主营业务的公司或者是开展独立保函业务的商业银行、保险公司的，人民法院在审查确定行为人是否具有代表或者代理权限时，无须审查担保行为是否经过决议授权的相关事实。 2. 公司章程规定对外担保须经董事会决议，而同意担保的决议实际上是由公司股东大会或者股东会作出的，或者公司章程没有规定公司对外担保的决议机构，公司董事会决议同意或者追认为他人提供担保的，也应当认定担保行为符合公司的真实意思，构成有权代表或者有权代理。 3. 公司意思的推定：担保人与主债务人之间存在着相互担保等商业合作关系、担保人为其直接或者间接控制的公司开展经营活动向债权人提供担保、为他人提供担保的行为是由持有公司50%以上有表决权的股东单独或者共同实施等足以认定担保行为本身符合公司利益的情形，即便债权人不能提供担保行为经过公司决议的相关证据，也应当认定担保行为符合公司的真实意思。 4. 不属于公司意思的情形：行为人超越权限以公司名义为他人提供担保，相对人仅以担保合同上加盖了公司印章或者有公司法定代表人、代理人的签字或者盖章为由，主张其有理由相信行为人有签订该担保合同的代表或者代理权限的，人民法院不予支持。 5. 相对人的形式审查义务：**在案件审理中**，相对人能够证明其已经对公司章程、决议等与担保相关的文件进行了审查，文件所记载的内容符合法律规定的，应当认定构成表见代表或者表见代理，由公司承担相应的责任。对公司提出的诸如决议程序违法、决议签章不实等抗辩，人民法院不予支持。但如果公司能够证明相对人具有过失，如同意担保的决议是由公司无权决议机构所作出、决议未经法定或者章程规定的多数通过、参与决议的股东或者董事违反了《公司法》第16条第3款或者第124条关于回避表决的规定、参与决议的人员不符合公司章程、营业执照的记载等情形的，应当认定不构成表见代表或者表见代理。

公司的担保	对内担保：（"股东会＋回避"） 1. 公司为公司股东或者实际控制人提供担保的，必须经股东会或股东大会决议。 2. "利害关系股东表决权排除"：被担保的股东或者受实际控制人支配的股东，不得参加对该担保事项进行的表决。该项表决由出席会议的其他股东所持表决权的过半数通过。
	上市公司担保特殊规定：在 1 年内担保金额超过公司资产总额 30% 的，应由股东大会作出决议，且经出席会议股东所持表决权的 2/3 以上通过。
	一人公司可以为其股东提供担保。
	伪造、变造决议情况下的信赖保护：根据《民法总则》第 85 条的规定，公司以相关股东大会、股东会、董事会决议是行为人伪造或者变造，相关决议在担保合同签订后被人民法院或者仲裁机构的生效法律文书撤销，或者被确认为不成立、无效等为由，主张担保合同对公司不生效力的，人民法院不予支持，但公司能够证明相对人在订立担保合同时明知决议具有不成立、无效事由的除外。

四、公司章程

（一）知识点

公司章程的概念	指公司所必备的，规定其名称、宗旨、资本、组织机构等对内对外事务的基本法律文件。
公司章程的基本特征	1. 法定性：其法律地位、主要内容、效力都由法律强制规定，任何公司不得违反，同时是公司设立的必备条件之一。 2. 真实性：记载内容必须客观存在且与实际相符。 3. 自治性：公司章程是公司股东意思表示一致的结果；是一种法律以外的行为规范，由公司自己执行，无须国家强制性作为保障；是内部规章，效力仅及于公

公司章程的基本特征	司和相关当事人，不具有普遍约束力。 4. 公开性：主要针对股份有限公司，其内容不仅要对投资人公开，同时还要对包括债权人在内的一般社会公众公开。
公司章程的订立	1. 共同订立：由全体股东或者发起人共同起草、协商制定公司章程。否则公司章程不得生效。 2. 部分订立：由股东或者发起人中的部分成员负责起草、制定，而后再经其他股东或发起人签字同意的制定方式。
公司章程的生效	1. 公司章程必须采取书面形式。 2. 经全体股东同意并在章程上签名盖章，公司章程生效。（注：不以登记为生效要件）
公司章程的效力（对内不对外）	1. 对公司的效力：公司行为要受公司章程的约束。 2. 对股东的效力：不仅约束起草、制定公司章程的股东，对后来加入的股东同样具有约束力。（自治性） 3. 对董、监、高的效力：公司的董、监、高应当遵守公司章程，依照法律和公司章程的规定行使职权，要求其行使职权不得超出规定的范围。（注：董、监、高超越章程限制所做的行为，为了保护善意第三人，应认定该行为有效，但内部可以对其追偿）
公司章程的变更	1. 有限责任公司修改公司章程。 股东会会议作出修改章程的决议，必须经代表2/3以上表决权的股东通过。（注：不是人头，是表决权2/3） 2. 股份有限公司修改公司章程。 股东大会作出修改公司章程的决议，必须经出席会议的股东所持表决权2/3以上通过。 3. 公司章程变更程序：先由董事会提出修改提议，并将提议通知其他股东，最后由股东会或股东大会表决通过。 4. 章程变更后，董事会应向工商行政管理机关申请变更登记。（登记不是生效要件，是对抗要件）

公司章程可以规定股东会对股东罚款，但标准、幅度应明确规定，否则处罚股东决议无效	公司章程关于股东会对股东处以罚款的规定，系公司全体股东所预设的对违反公司章程股东的一种制裁措施，符合公司的整体利益，体现了有限公司的人合性特征，不违反公司法的禁止性规定，应合法有效。但公司章程在赋予股东会对股东处以罚款职权时，应明确规定罚款的标准、幅度，股东会在没有明确标准、幅度的情况下处罚股东，属法定依据不足，相应决议无效。
公司法中规定的章程不能约定的事项	
董事表决权（"按人头"）	董事只能按照人头行使表决权，不能由章程约定按照出资行使表决权。
股份公司股东的表决权只能按股份	股份有限公司股东只能按照股份来行使表决权，章程不能另行规定。（有限公司可另作规定）
"七大重要事项"表决权2/3以上（章程不能规定低于2/3）	有限公司股东会会议作出修改公司章程、增加或者减少注册资本的决议，以及公司合并、分立、解散或者变更公司形式的决议，必须经代表2/3以上表决权的股东通过。（股份公司由出席会议的股东表决权2/3以上通过）
股权转让	1. 有限公司章程可以对股东的股权转让优先作出限制，但是不能过度限制，过度限制就是禁止股权转让； 2. 股份公司章程不得限制股东的股份转让，但董、监、高除外。
公司章程不能实质剥夺股东知情权	公司章程、股东之间的协议等实质性剥夺股东查阅或者复制公司文件材料的权利，公司以此为由拒绝股东查阅或者复制的，人民法院不予支持。
公司对内担保（"股东会+回避"）	公司为公司股东或者实际控制人提供担保的，必须经股东会或者股东大会决议。该股东或者受实际控制人支配的股东，不得参加事项的表决。该项表决由出席会议的其他股东所持表决权的过半数通过。

监事会职工比例不低于1/3（章程不能规定低于1/3）	监事会应当包括股东代表和适当比例的公司职工代表，其中职工代表的比例不得低于1/3，具体比例由公司章程规定。
董事、经理不得兼任监事	—

（二）实战演练

某有限公司的公司章程对公司的有关事宜作出了如下规定：

a. 法定代表人对外签订合同的金额不得超过50万元；

b. 董事会董事按出资比例行使表决权；

c. 公司的分立、合并、增加或减少注册资本必须经过全体股东一致同意；

d. 股东持有的股权在公司成立以后3年内不得对外转让；

e. 全体监事由不担任董事和高级管理人员的股东担任，监事会主席由全体监事半数以上选举产生；

f. 召开股东会会议时提前7天通知各股东；

g. 规定股东会按人头行使表决权。

请分析以上规定有哪些不符合《公司法》的规定？

答：（1）公司章程可以对法定代表人对外代表公司行使职权作出限制性规定，只是该限制不得对抗善意的第三人。所以a项的章程约定合法。

（2）按照公司法规定，董事会决议的表决，实行一人一票制，公司章程不得进行例外规定。所以b项的章程约定违法。

（3）股东会会议作出修改公司章程、增加或者减少注册资本的决议，以及公司合并、分立、解散或者变更公司形式的决议，必须经代表 2/3 以上表决权的股东通过。所以 c 项的章程约定没有和《公司法》规定相冲突，因此合法。

（4）有限公司的公司章程可以对股东股权转让优先作出限制性规定，但不能过分地限制股东的权利，所谓的过度限制是指规定股权自始至终不能转让。所以 d 项的章程规定合法。

（5）《公司法》第51条规定，有限责任公司设监事会，其成员不得少于3人。股东人数较少或者规模较小的有限责任公司，可以设1至2名监事，不设监事会。监事会应当包括股东代表和适当比例的公司职工代表，其中职工代表的比例不得低于 1/3，具体比例由公司章程规定。因此，有限公司监事会设主席1人，由全体监事过半数选举产生。监事会职工代表的比例不得低于 1/3。而 e 项的章程约定全体监事由股东担任，监事会主席由全体监事半数以上选举，所以 e 项的章程约定违法。

（6）《公司法》第41条第1款规定："召开股东会会议，应当于会议召开十五日前通知全体股东；但是，公司章程另有规定或者全体股东另有约定的除外。"因此，有限公司章程规定召开股东会提前7天通知各股东，章程约定合法有效。f 项的章程约定合法有效。

（7）《公司法》第42条规定："股东会会议由股东按照出资比例行使表决权；但是，公司章程另有规定的除外。"所以，有限公司章程可以规定股东会按人头行使表决权，g 项的章程约定合法。

五、关联交易

关联关系	关联关系，是指公司控股股东、实际控制人、董事、监事、高级管理人员与其直接或者间接控制的企业之间的关系，以及可能导致公司利益转移的其他关系。但是，国家控股的企业之间不仅因为同受国家控股而具有关联关系。
利用关联交易损害公司利益承担损害赔偿责任	公司的控股股东①、实际控制人②、董事、监事、高级管理人员③不得利用其关联关系损害公司利益。违反上述规定，给公司造成损失的，应当承担赔偿责任。
债务人与其关联公司恶意串通、损害债权人利益，与此相关的财产转让合同应当认定为无效	债务人将主要财产以明显不合理低价转让给其关联公司，关联公司在明知债务人欠债的情况下，未实际支付对价的，可以认定债务人与其关联公司恶意串通、损害债权人利益，与此相关的财产转让合同应当认定为无效。

---

① 控股股东，是指其出资额占有限责任公司资本总额 50% 以上或者其持有的股份占股份有限公司股本总额 50% 以上的股东；出资额或者持有股份的比例虽然不足 50%，但依其出资额或者持有的股份所享有的表决权已足以对股东会、股东大会的决议产生重大影响的股东。

② 实际控制人，是指虽不是公司的股东，但通过投资关系、协议或者其他安排，能够实际支配公司行为的人。

③ 高级管理人员，是指公司的经理、副经理、财务负责人，上市公司董事会秘书和公司章程规定的其他人员。

六、股权的取得和证明及代持协议

股东资格确认	对内：股东名册。 1. 记载于股东名册的股东，可依股东名册主张行使股东权利。 注意：股东名册作为证据具有推定效力，但仍然可以被相反证据推翻，不要片面理解股东资格的确认。 2. 有限公司应置备股东名册，记载"名＋钱＋号"（即：股东的姓名或者名称及住所；股东的出资额；出资证明书编号）。 3. 如果股东名册没有记载，股东可以凭借出资证明书，股东会会议记录和公司章程，请求确认股东资格，并要求记载于股东名册。
	对外：登记。 公司应将股东的姓名或名称向公司登记机关登记；登记事项发生变更，应办理变更登记。未经登记或者变更登记的，不得对抗第三人。 股东确权之诉的原、被告：应当以公司为被告，与案件争议股权有利害关系的人作为第三人参加诉讼。
仅向公司投入资金不能成为公司股东	1. 仅向公司投入资金，而未与原公司股东达成入股公司合意、未实际行使股东权利且所投资金未转化为公司资本的投资人，不能成为公司股东。注意区分债权债务关系和股东身份。 2. 判断原告是否成为被告（公司）股东的标准，主要考查： （1）是否在公司章程、股东名册记载，工商登记机关登记，有无出资协议与出资证明书等； （2）是否与原公司股东达成入股公司合意； （3）是否实际作为股东行使了股东权利和履行义务，诸如参加股东会、行使知情权、获取公司收益等。

代持股协议规定（实际出资人与名义股东）	**实际出资人与名义股东的代持股协议：（一般需要有书面的代持股协议）** 该代持股协议有效，实际出资人的投资权益应当依双方合同确定并依法保护。 实际出资人与显名股东之间订立的股权代持协议，如无《合同法》第52条规定的合同无效情形，法院应认定该协议有效。如果代持协议出现《合同法》第52条规定的情形，将有可能导致代持协议无效： 1. 一方以欺诈、胁迫的手段订立合同，损害国家利益； 2. 恶意串通，损害国家、集体或者第三人利益； 3. 以合法形式掩盖非法目的； 4. 损害社会公共利益； 5. 违反法律、行政法规的强制性规定。（此处"强制性规定"是指效力性规定，不包含管理性规范）
	名义股东才是真正股东，实际出资人需经公司其他股东半数以上同意，才可变更为公司股东。
	名义股东擅自处分股权的处理："有权处分＋参照善意取得处理" 名义股东将登记于其名下的股权转让、质押或者以其他方式处分，实际出资人以其对于股权享有实际权利为由，请求认定处分股权行为无效的，人民法院可以参照善意取得处理。 名义股东处分股权造成实际出资人损失，实际出资人可请求名义股东承担赔偿责任。
	实际出资人出资瑕疵的处理：名义股东对出资瑕疵承担责任。承担赔偿责任后，可向实际出资人追偿。
	裁判规则： 1. 股东未出资一样具有股东资格。 2. 非公司股东无权起诉要求法院确认第三人不具备公司股东资格。 3. 未办理工商变更登记手续不影响股东资格的确定。 4. "金融领域代持无效"：任何单位或者个人不得委托他人

代持股协议规定（实际出资人与名义股东）	或者接受他人委托持有保险公司的股权。在保险、银行、证券、期货等金融领域，危及金融秩序和社会稳定，进而直接损害社会公共利益，代持公司股权的合同应当认定为无效。 5. 公务员股权代持协议应认定有效，但不能据此要求显名：《公务员法》中的相关限制规定属管理性规范，并非强行性效力性规范，若违反相关规定，可按《公务员法》的相关规定承担相应的法律责任，但并不导致代持股协议无效。 6. "上市公司股权代持无效"：上市公司不得隐名代持股权系对上市公司监管的基本要求，公司上市的系列监管规定有些虽属于部门规章性质，但因经法律授权且与法律并不冲突，并属于证券行业监管基本要求与业内共识，并对广大非特定投资人利益构成重要保障，对社会公共利益亦为必要保障所在，故依据《合同法》第52条第（四）项等规定，此类股权代持类协议应认定为无效。
实际出资人能否对抗名义股东债权人对该股权的司法强制执行	股权善意取得制度的适用主体仅限于与名义股东存在股权交易的第三人。商事外观主义原则的适用范围不包括非交易第三人。申请执行人并非针对被执行人名下的股权从事交易，仅因债务纠纷而寻查被执行人的财产还债，并无信赖利益保护的需要，因此，名义股东的债权人不能适用商事外观主义原则主张对股权进行强制执行，实际出资人对代持股权享有的民事权益足以排除强制执行。
冒名股东	冒名登记行为人应当承担相应责任；被冒名登记为股东的人不承担责任。

七、公司设立中的责任承担

公司设立	1. 公司设立是公司设立人依照法定的条件和程序，为组建公司并取得法人资格而必须采取和完成的行为。 2. 公司设立是一种法律行为；公司的设立登记仅是公司设立行为的最后阶段；公司成立是设立公司行为的法律后果。

公司设立	3. 发起人协议、投资协议、公司章程规定不一致，以公司章程为准，但发起人之间有特殊约定除外。 4. 公司设立阶段，投资人可以请求解除投资协议，要求返还投资款。 在公司成立之前，发起人拟投入公司的财产没有转化成公司独立的法人财产，发起人有权决定停止投资，退出公司设立活动。但是发起人终止投资，可能导致设立失败或者公司设立成本增加，为此损害其他发起人利益的，应给予适当补偿。如果有发起人协议等具体约定，按照约定。
公司设立中的责任承担	1. 公司成立，设立人为设立法人从事的民事活动，其法律后果由法人承受。 2. 例外："恶意串通"，即公司成立后有证据证明发起人利用设立中公司的名义为自己的利益与相对人签订合同，公司以此为由主张不承担合同责任的，人民法院应予支持，但相对人为善意的除外。 3. 设立人为设立法人以自己的名义从事民事活动产生的民事责任，第三人有权选择请求法人或者设立人承担。 例如：《合作协议》是某咨询公司以拟设立的独资子公司 A 公司的名义与甲公司、乙公司签订，A 公司作为合同的当事人，后来依法成立，应继承合同权利和义务，《合作协议》未对咨询公司设定任何权利和义务，因此，只需 A 公司承担合同义务，发起人咨询公司无须承担连带责任，除非甲公司和乙公司能够证明 A 公司资本不充实、发生人格混同情形。
	公司因故未成立，债权人请求全体或者部分发起人对设立公司行为所产生的费用和债务承担连带清偿责任的，人民法院应予支持。 注意：如果设立失败，公司没成立，那么责任承担： $\begin{cases} 对外：全体发起人承担连带责任。 \\ 对内：有比例，三步走，即：约定责任比例→约定出资比例→均等。 \end{cases}$

公司设立中的责任承担	发起人因履行公司设立职责造成他人损害，公司成立后受害人请求公司承担侵权赔偿责任的，人民法院应予支持；公司未成立，受害人请求全体发起人承担连带赔偿责任的，人民法院应予支持。 公司或者无过错的发起人承担赔偿责任后，可以向有过错的发起人追偿。
	在公司设立过程中，发起人因自己的过失使公司利益受到损害的，应当对公司承担赔偿责任。

八、股东出资以及出资瑕疵情形下的责任承担和处理方式

股东出资	
股东出资符合法定要求	原则： 1. 注册资本＝认缴资本（例外：募集设立股份公司注册资本＝实收资本） 2. 三个没有 $\begin{cases}$没有最低注资要求 没有缴付年限要求 没有出资比例要求（没有首付出资、出资方式比例限制要求，但是募集设立股份公司，发起人认购不得少于35％）$\end{cases}$
	股东可以用货币出资，也可以用实物、知识产权、土地使用权等可以用货币估价并可以依法转让的非货币财产作价出资；但是，法律、行政法规规定不得作为出资的财产除外。 1. 货币出资没有比例的限制。 2. 非货币出资应依法评估作价并办理权属变更手续（评估＋转让），否则认定未依法全面履行出资义务。不能以非货币的实物使用权进行出资。出让土地使用权例外，可作为股东出资。 3. 不得出资的："难评估，难转让"。不得以劳务、信用、自然人姓名、商誉、特许经营权或者设定担保的财产等作价出资。

股东出资符合法定要求	**注意几种特殊的出资方式：** 1. **净资产可作为出资形式：**净资产不是法律概念，而是一个会计学上的概念，等于会计要素中的"所有者权益"，是指企业资产扣除负债后由所有者享有的剩余权益，又称股东权益。净资产＝所有者权益（包括实收资本或者股本、资本公积、盈余公积和未分配利润等）＝资产总额－负债总额。只要净资产满足"可评估，可转让"的要求，可以作为股东出资。而且在公司实践中运用较多。 2. **股东能否以知识产权许可使用权出资（有争议，目前大部分地区公司登记不支持）：**从《公司法》股东出资的规定来看，是不允许的，但是为了鼓励科技创新，科技成果转化，目前，此限制有所松动，地方规范性文件是决定专利许可使用权是否作为股东出资形式的主要依据①。 3. **债权可以作为股东出资：** （1）可以债转股：根据 2014 年《公司注册资本登记管理规定》第 7 条规定："债权人可以将其依法享有的对在中国境内设立的公司的债权，转为公司股权。"只不过，对于前述的债权有条件限制，即： ①债权人已经履行债权所对应的合同义务，且不违反法律、行政法规、国务院决定或者公司章程的禁止性规定； ②经人民法院生效裁判或者仲裁机构裁决确认； ③公司破产重整或者和解期间，列入经人民法院批准的重整计划或者裁定认可的和解协议。 上述条件仅需要满足其一便可以将债权转为公司的股权，但是需要注意的是两点： ①用以转为公司股权的债权有两个以上债权人的，债权人对债权应当已经作出分割。

---

① 通过调研实证，北京市不允许股东以专利许可使用权出资；上海市需要根据专利的实际情况判断能否以专利许可使用权出资；湖南省认为操作层面因缺乏先例并不鼓励；四川省表示投资者可自由选择出资形式，工商部门和知识产权局并不干涉。

	②债权转为公司股权的，公司应当增加注册资本。 （2）以对第三人的债权出资，理论上"可评估，可转让"，可以作为股东出资，但是因为债自身的真实性和能否实现的不确定性，加上目前的诚信状况，实践中，一般不承认其效力。但是，以依法可以转让的无记名公司债券，或者用以出资的债权在一审庭审结束前已经实现的，应当认定出资有效。 4. 票据理论上可以作为股东出资：票据是独立的财产权利，"可评估，可转让"，因此，可以作为股东出资。但是实践中非货币出资需要评估作价，在评估那里认为具有不确定性，一般不予认可，和债权出资有相似性。 5. 股份公司只有发起人才可以用非货币等形式出资股份公司。依据《公司法》第82条："发起人的出资方式，适用本法第二十七条的规定。"第85条："……认股人按照所认购股数缴纳股款。"而有限公司却没有此限制性规定。
股东出资符合法定要求	股权可以作为出资方式：（"合法＋无瑕疵＋手续＋评估"） 出资人以其他公司股权出资，符合下列条件的，法院应当认定出资人已履行出资义务： 1. 出资的股权由出资人合法持有并依法可以转让。 注意：如果按照法律规定或者公司章程规定限制转让，不能作为股东出资。例如，发起人所持有的股份公司股份在该公司成立后的一年内不能作为向其他公司的出资方式。 2. 出资的股权无权利瑕疵或者权利负担。 3. 出资人已履行关于股权转让的法定手续。 4. 出资的股权已依法进行了价值评估。 股权出资不符合上述第1、2、3项的规定，公司、其他股东或者公司债权人请求认定出资人未履行出资义务的，人民法院应当责令该出资人在指定的合理期间内采取补正措施，以符合上述条件；逾期未补正的，人民法院应当认定其未依法全面履行出资义务。 股权出资不符合第4项的规定，公司、其他股东或者公司债权人请求认定出资人未履行出资义务的，人民法院应当委托具有合法资格的评估机构对该财产评估作价。评估确定的价

股东出资符合法定要求	额显著低于公司章程所定价额的，人民法院应当认定出资人未依法全面履行出资义务。
	以房屋、土地使用权或需办理权属登记的知识产权等财产出资：（以交付为原则） 1. 已经交付公司使用但未办理权属变更手续，公司、其他股东或者公司债权人主张认定出资人未履行出资义务的，人民法院应当责令当事人在指定的合理期间内办理权属变更手续；在前述期间内办理了权属变更手续的，人民法院应当认定其已经履行了出资义务；出资人主张自其实际交付财产给公司使用时享有相应股东权利的，人民法院应予支持。 2. 出资人以前述规定的财产出资，已经办理权属变更手续但未交付给公司使用，公司或者其他股东主张其向公司交付、并在实际交付之前不享有相应股东权利的，人民法院应予支持。 {（1）交付未过户：在法院指定期间内过户，认定已履行出资义务，出资人从交付财产给公司使用时起，享有股东权 （2）过户未交付：不享有股东权
	国有土地使用权出资： 1. 出让国有土地使用权可以出资。另外，用于出资的土地使用权应是未设定权利负担的土地使用权。 2. 划拨国有土地使用权、设定权利负担的土地使用权不得作为出资，但是可以补正。出资人以划拨土地使用权出资，或者以设定权利负担的土地使用权出资，公司、其他股东或者公司债权人主张认定出资人未履行出资义务的，人民法院应当责令当事人在指定的合理期间内办理土地变更手续或解除权利负担；逾期未办理或未解除的，人民法院认定出资人未依法全面履行出资义务。
出资瑕疵的责任和处理	
出资违约	责任：补足＋对按期足额缴纳出资的股东承担违约＋在未出资本息范围内对债权人补充赔偿＋发起人对外一起连带（不包括公司成立后新加入的）

出资违约	1. 对公司责任：股东未履行或者未全面履行出资义务，公司或者其他股东请求其向公司依法全面履行出资义务的，人民法院应予支持。 2. 对其他股东责任：向已按期足额缴纳出资的股东承担违约责任。 3. 对债权人责任：公司债权人请求未履行或者未全面履行出资义务的股东在未出资本息范围内对公司债务不能清偿的部分承担补充赔偿责任的，人民法院应予支持。公司的发起人与被告股东承担连带责任。此处"连带责任"的主体原则上限于公司发起人，不包括公司成立后新加入公司的股东。 4. 增资时，未尽勤勉义务股东承担相应责任，担责后可追偿。股东在公司增资时未履行或者未全面履行出资义务，公司、其他股东或者债权人有权请求未尽《公司法》第147条第1款规定的义务（勤勉义务）而使出资未缴足的董事、高级管理人员承担相应责任的，人民法院应予支持；董事、高级管理人员承担责任后，可以向被告股东追偿。
	其他股东的请求权： 1. 原始股东或者发起人的直接诉讼：因为出资违约股东对其他已按期足额缴纳出资的股东负有违约责任。 2. 股东代表诉讼：股东出资瑕疵，违反公司章程，损害公司利益，在公司怠于行使诉权的情况下，股东可以代位行使诉权。
	瑕疵出资股权可转让，有效，转让的后果是：受让人知、应知情形下，"连带+追偿"，即对公司补缴出资要连带，对债权人补充赔偿责任也要连带，承担连带责任之后，可对瑕疵出资人进行追偿。 1. 股东未履行或者未全面履行出资义务即转让股权，受让人对此知道或者应当知道，对股东的对内出资义务、对外的补充赔偿责任，受让人承担连带责任。 2. 可向该未履行或未全面履行出资义务的股东追偿。但是，当事人另有约定的除外。

出资评估不实	责任：补缴＋连带（注意：没有对内的违约责任） 1. 有限责任公司成立后，发现作为设立公司出资的非货币财产的实际价额显著低于公司章程所定价额的，应当由交付该出资的股东补足其差额；公司设立时的其他股东承担连带责任。 2. 验资机构和评估机构过错推定情形下的连带责任：承担资产评估、验资或验证的机构因其出具的评估结果、验资或验证证明不实，给公司债权人造成损失的，除能证明自己没过错外，在其评估或者证明不实金额范围内承担赔偿责任。
出资贬值	责任：股东不担责，不负补缴义务 出资人以符合法定条件的非货币财产出资后，因市场变化或者其他客观因素导致出资财产贬值，公司、其他股东或公司债权人请求该出资人承担补足出资责任的，法院不予支持。但当事人另有约定的除外。 注意和评估不实的区别：股东出资后，因为市场或者其他客观因素导致出资财产贬值，不用承担补缴义务。
无权处分	出资人以不享有处分权的财产出资，参照善意取得的规定予以认定。
非法资金	以贪污、受贿、侵占、挪用等违法犯罪所得的货币出资后取得股权，对违法犯罪行为予以追究、处罚时，应当采取拍卖或者变卖的方式处置其股权。（注意：不能直接否定股东资格，直接将出资取回）
抽逃出资的认定和责任	认定原则： 1. 根据公司资本维持原则，公司的股东一旦履行出资义务，没有合理理由，未经法定程序，不得将出资取回，否则，危及公司独立法人财产，视为抽逃出资行为。 2. 但是股东可以通过股权转让、股权回购，向公司借款并签订借款合同等合法方式转出，视为合法。抽逃出资和股东向公司借款需注意区分，从金额、发生的时间、是否约定利息，还款期限以及是否符合金融管理、财务制度等方面综合区分和认定。

	表现形式：
	1. 制作虚假财务会计报表虚增利润进行分配。
	2. 通过虚构债权债务关系将其出资转出。
	3. 利用关联交易将出资转出。
	4. 其他未经法定程序将出资抽回的行为。
	注意：第三人单纯代垫出资帮助他人设立公司行为，不违法，无须承担责任。但是如果除了垫付出资之外，还协助抽逃出资应担责。
抽逃出资的认定和责任	**责任：返还本息 + 抽逃本息范围内对债权人补充赔偿 + 协助抽逃出资人连带**
	1. 股东抽逃出资，公司或者其他股东请求其向公司返还出资本息、协助抽逃出资的其他股东、董事、高级管理人员或者实际控制人对此承担连带责任的，人民法院应予支持。
	2. 公司债权人请求抽逃出资的股东在抽逃出资本息范围内对公司债务不能清偿的部分承担补充赔偿责任、协助抽逃出资的其他股东、董事、高级管理人员或者实际控制人对此承担连带责任的，人民法院应予支持；抽逃出资的股东已经承担上述责任，其他债权人提出相同请求的，人民法院不予支持。
	注意：
	1. 不仅协助抽逃出资的股东、董事、高级管理人员或者实际控制人承担连带责任。此外，其他人协助股东完成抽逃出资的行为，构成共同侵权，依据《侵权责任法》第8条"二人以上共同实施侵权行为，造成他人损害的，应当承担连带责任"的规定，第三人仍然应当连带承担发起人因抽回出资而产生的相应责任。
	2.《刑法》第158条、第159条的虚报注册资本和虚假出资、抽逃出资只适用于依法实行注册资本实缴登记制的公司，比如，银行、保险、信托、劳务派遣、小额贷款公司、典当行等，仍然有可能触犯这两个罪名。其他实施认缴资本制的不构成这两个罪名。
瑕疵出资处理	1. 可以限制股东权利（股东未履行或者未全面履行出资义务或者抽逃出资）

瑕疵出资处理	股东未履行或者未全面履行出资义务或者抽逃出资，公司根据公司章程或者股东会决议可以对其利润分配请求权、新股优先认购权、剩余财产分配请求权等股东权利作出相应的合理限制。 **2. 剥夺股东资格（"有限公司＋未出资，抽逃全部出资＋催告后还不缴"）** 有限责任公司的股东未履行出资义务或者抽逃全部出资，经公司催告缴纳或者返还，其在合理期间内仍未缴纳或者返还出资，公司以股东会决议解除该股东的股东资格，该股东请求确认该解除行为无效的，人民法院不予支持。 **3. 另行募集（"股份公司＋未按期缴纳＋催缴后还不缴"）** 股份有限公司的认股人未按期缴纳所认股份的股款，经公司发起人催缴后在合理期间内仍未缴纳，公司发起人对该股份另行募集的，人民法院应认定该募集行为有效。认股人延期缴纳股款给公司造成损失，公司请求该认股人承担赔偿责任的，人民法院应予支持。 **4. 股东出资义务不适用诉讼时效抗辩** 公司股东未履行或者未全面履行出资义务或者抽逃出资，公司或者其他股东请求其向公司全面履行出资义务或者返还出资，被告股东以诉讼时效为由进行抗辩的，人民法院不予支持。
股东出资义务一般不能加速到期	1. 鉴于在认缴制下股东依法享有期限利益，故对债权人以公司不能清偿到期债务为由，请求未届出资期限的股东在未出资范围内对公司不能清偿的债务承担补充赔偿责任的诉讼请求，人民法院原则上不予支持。 2. 但是一概保护股东的期限利益，有时也会损害债权人的利益，故一旦出现下列情形之一的，应当例外允许股东的出资加速到期： （1）股东恶意延长出资期限以逃避履行出资义务的； （2）出现股东破产、被强制清算等新的法律事实，据此可以确定股东在出资期限届至时不可能完全履行出资义务的； （3）人民法院受理公司破产申请的。

九、股东知情权

有限公司与股份公司股东知情权对比			
事项	章程、股东会会议记录、董事会决议、监事会决议、财务会计报告	会计账簿	股东名册
有限公司股东	可查阅、复制	有条件地查阅，不能复制	未作规定
股份公司股东	可查阅，无权复制	无权查阅，无权复制	可查阅，无权复制
股东知情权具体规定			
行使知情权起诉时应具备股东资格	1. 原则：起诉时，须具有股东身份。股东依法或依公司章程规定，起诉请求查阅或者复制公司特定文件材料的，人民法院应依法予以受理。公司有证据证明原告在起诉时不具有公司股东资格的，人民法院应当驳回起诉。 2. 例外（"前股东"）：但原告有初步证据证明在其持股期间其合法权益受到损害，请求依法查阅或复制其持股期间的公司特定文件材料的除外。		
章程和协议不得实质性剥夺限制股东查询和复制权	公司章程、股东之间的协议等实质性剥夺股东查阅或者复制公司文件材料的权利，公司以此为由拒绝股东查阅或者复制的，人民法院不予支持。 例如：公司章程约定股东行使知情权必须经过所有股东及公司董事会的同意。这就是比较典型的实质性剥夺股东法定知情权的情形，应属无效。 注意： 1. 一般不得以出资瑕疵为由，剥夺股东查询和复制的权利。 2. 股东知情权不适用诉讼时效制度。 3. 公司被吊销营业执照并开始清算，不是拒绝股东知情权的		

续表

章程和协议不得实质性剥夺限制股东查询和复制权	合理理由。 4. 只是不能实质性剥夺，但是可以对查阅和复制的时间、地点和次数进行适当的限制，则司法不应过度干涉。 5. 公司章程可以扩展法定知情权范围。
有限公司股东可查阅原始凭证	1. 有限公司股东可以要求查阅公司会计账簿，不能复制。原始凭证应纳入股东知情权的查询范围。 注意：股东知情权行使的范围不仅只针对成为股东之后的相关文件。 2. 知情权行使的公司内部程序：（不能直接提起知情权诉讼，需要穷尽以下公司内部程序） STEP1：股东要求查阅公司会计账簿，应向公司提出书面请求，说明目的。 ↓ STEP2：公司有合理根据认为股东查阅会计账簿有不正当目的，可能损害公司合法利益的，可以拒绝提供查阅，并应当自股东提出书面请求之日起 15 日内书面答复股东并说明理由。（注意：公司承担举证责任） ↓ STEP3：公司拒绝提供查阅的，股东可请求人民法院要求公司提供查阅。 3. 不正当目的：有限责任公司有证据证明存在下列情形之一的，应认定股东有不正当目的： （1）“实质性竞争关系”：股东自营或者为他人经营与公司主营业务有实质性竞争关系业务的，但公司章程另有规定或者全体股东另有约定的除外。 注意： ①股东所经营的其他公司的经营范围与公司经营范围相同，也不能直接认定股东具有不正当目的，公司还须另行举证证明股东行为侵害或可能侵害公司商业秘密或为其经营公司同业竞争提供条件，不能直接以经营范围相同为由直接认定股东具有不正当目的。

	②此外，**即使股东所经营的其他公司的经营范围与公司经营范围不同，也不意味着股东目的一定不是"不正当的"，在两者业务有实质性竞争关系的情况下股东仍可能具有不正当目的。**例如：两公司虽然属于上下游关系，不属于相同经营范围，但正是这种生产与销售的关系，可能影响原告公司在某地的销售情况，进而影响该公司利益，从而认定股东具有不正当目的。 （2）**"为他人通报损利"：**股东为了向他人通报有关信息查阅公司会计账簿，可能损害公司合法利益的。 （3）**"过去3年通报损利"：**股东在向公司提出查阅请求之日前的三年内，曾通过查阅公司会计账簿，向他人通报有关信息损害公司合法利益的。 （4）股东有不正当目的的其他情形。
有限公司股东可查阅原始凭证	对于"不正当目的"的理解： 1. **"不正当目的"仅针对有限责任公司抗辩股东知情权的行使。**股份有限公司因其资合性特点，且股东查阅内容不包括会计账簿，故无法引用"不正当目的"进行抗辩。 2. **"不正当目的"抗辩的知情权内容仅为"会计账簿"。**若公司认为股东查阅、复制"公司章程、股东会会议记录、董事会会议决议、监事会会议决议和财务会计报告"等材料可能侵犯公司合法权益的，**无法引用**不正当目的进行抗辩。 3. **"不正当目的"的部分情形，可以通过公司章程进行排除，从而不视为存在不正当目的。**例如，可以章程形式规定存在竞业情形的股东仍拥有知情权。 4. 公司不能以股东查阅公司会计账簿的目的是为了向正在与公司进行诉讼的对方当事人提供证据为理由，而认定股东有"不正当目的"，从而拒绝股东行使知情权，拒绝该股东查阅公司会计账簿。理由：**法律保护公司的正当利益，而不是一切利益。**
判决明确查阅复制的时间、地点和文件材料名录	人民法院审理股东请求查阅或者复制公司特定文件材料的案件，对原告诉讼请求予以支持的，应当在判决中明确查阅或者复制公司特定文件材料的时间、地点和特定文件材料的名录。

股东可聘请中介机构辅助查阅	股东依据人民法院生效判决查阅公司文件材料的，在该股东在场的情况下，可以由会计师、律师等依法或者依据执业行为规范负有保密义务的中介机构执业人员辅助进行。
股东不当行使知情权的赔偿责任	1. 股东行使知情权后泄露公司商业秘密导致公司合法利益受到损害，公司请求该股东赔偿相关损失的，人民法院应当予以支持。 2. 辅助股东查阅公司文件材料的会计师、律师等泄露公司商业秘密导致公司合法利益受到损害，公司请求其赔偿相关损失的，人民法院应当予以支持。
未依法履行职责的公司董、高人员赔偿损失	公司董事、高级管理人员等未依法履行职责，导致公司未依法制作或者保存相关文件材料，给股东造成损失，股东依法请求负有相应责任的公司董事、高级管理人员承担民事赔偿责任的，人民法院应当予以支持。

十、股东的利润分配以及股东利润分配请求权之诉

公司收益分配顺序	弥补亏损→法定公积金→（任意公积金）→向股东支付股利 注意：如果不按照顺序，在弥补亏损、提取法定公积金之前分配股利，股东要将分配的利润退还公司。
财务会计报告	1. 公司应当在每一会计年度终了时编制财务会计报告，并依法经会计师事务所审计。 2. 有限责任公司应当依照公司章程规定的期限将财务会计报告送交各股东。 3. 股份有限公司的财务会计报告应当在召开股东大会年会的20日前置备于本公司，供股东查阅；公开发行股票的股份有限公司必须公告其财务会计报告。

股东利润分配	1. 公司只能在弥补亏损和提取法定公积金后，才能将所余利润分配于股东。这表明，公司向股东分配股利，必须以有这种盈余为条件。 2. 公司如果在弥补亏损和提取法定公积金之前即向股东分配红利的，属于违反公司法的行为，股东应当将其分配的利润退还给公司。 3. 有限公司股东按照实缴的出资比例分取红利；公司新增资本时，股东有权优先按照实缴的出资比例认缴出资。但是，全体股东约定不按照出资比例分取红利或者不按照出资比例优先认缴出资的除外。 4. 股份有限公司按照股东持有的股份比例分配，但股份有限公司章程规定不按持股比例分配的除外。 注意：对于分红，有限公司只能全体股东另行约定，考虑到包括小股东在内的全体股东利益。而股份公司对分红可章程另行规定，不需要全体股东，如何分红可以通过出席股东大会的表决权 2/3 以上的大股东通过修改公司章程改变，因此作为小股东从加入股份公司时起，就要清楚地认识到这一点，小股东无法决定自己的命运。 5. 公司持有本公司股份，不得参与公司利润的分配。
公积金提取和使用	1. 法定公积金提取：公司分配当年税后利润时，应当提取利润的 10% 列入公司法定公积金。公司法定公积金累计额为公司注册资本的 50% 以上的，可以不再提取。 2. 任意公积金提取：公司从税后利润中提取法定公积金后，经股东会或者股东大会决议，还可以从税后利润中提取任意公积金。 3. 使用：公司的公积金用于弥补公司的亏损、扩大公司生产经营或者转为增加公司资本。 限制一：资本公积金不得用于弥补公司的亏损。（例如：股份公司以超过股票票面金额的发行价格发行股份所得的溢价款列为公司资本公积金） 限制二：法定公积金转为资本时，所留存的该项公积金不得少于转增前公司注册资本的 25%。

股东利润分配请求权之诉	**1. 当事人的诉讼地位** 被告：公司。 原告：股东。 共同原告：一审法庭辩论终结前，其他股东基于同一分配方案请求分配利润并申请参加诉讼的，应当列为共同原告。 **2. 分红诉的行使原则："提交分红方案，判决支付"（提交载明具体分配方案的股东会或者股东大会的有效决议），"未提交分红方案，驳回"。** 是否分配和如何分配公司利润，原则上属于商业判断和公司自治的范畴，人民法院一般不介入。因此，股东请求公司分配利润的，应当提交载明具体分配方案的股东会或者股东大会决议，股东提交载明具体分配方案的股东会或者股东大会的有效决议，请求公司分配利润，公司拒绝分配利润且其关于无法执行决议的抗辩理由不成立的，人民法院应当判决公司按照决议载明的具体分配方案向股东分配利润。因为，股东会作出利润分配决议后，抽象利润分配请求权转化为具体利润分配请求权，性质同于普通债权，股东当然可以作为原告请求分配。未提交分红方案的，人民法院原则上应当不予支持。 **3. 分红诉的行使例外：滥用股东权导致不分红的除外。** 如果公司大股东违反同股同权原则和股东权利不得滥用原则，排挤、压榨小股东，导致公司不分配利润，损害小股东利润分配权，股东可以不提交载明具体分配方案的股东会或者股东大会决议提起利润分配请求权之诉，这是为了保护中小股东的一种例外规定。 （1）"高薪"：给在公司任职的股东或者指派人员发放与公司规模、营业业绩、同行业薪酬水平明显不符的过高薪酬，变相给该股东分配利润。 （2）"享乐"：购买与经营不相关的服务或者财产供股东消费或者使用，变相分配利润。 （3）"转移利润"：为了不分红隐瞒利润或者转移公司利润。

十一、公司决议效力

（一）知识点

决议无效之诉	决议内容违反法律、行政法规强制性规定的其他情形。（此种无效属于绝对无效、确定无效、自始无效、当然无效）
决议撤销之诉	1. 股东会或者股东大会、董事会的会议召集程序、表决方式违反法律、行政法规或者公司章程。 "召集程序"和"表决方式"：包括股东会或者股东大会、董事会会议的通知、股权登记、提案和议程的确定、主持、投票、计票、表决结果的宣布、决议的形成、会议记录及签署等事项。 2. 决议内容违反公司章程。 以上两种情形下，股东可以自决议作出之日起60日内，请求法院撤销。人民法院可以应公司的请求，要求股东提供相应担保。（"60日+担保"） 注意： （1）超过规定的期限向人民法院提起诉讼，人民法院不予受理。撤销决议的起算点是决议作出之日，不适用诉讼时效中止、中断、延长的规定，也无须考量股东是否处于应当知道的主观状态。 （2）在公司决议撤销案件中，决议所依据的事实和理由，不属于法院审查范围。
	"程序轻微瑕疵+未产生实质影响"不予撤销（"裁量驳回制度"）：在会议召集程序或者表决方式仅有轻微瑕疵，且对决议未产生实质影响的，人民法院不予支持。（注意：只针对程序上的瑕疵）
决议不成立（程序瑕疵不可治愈，比可撤销决议严重）	1. "未开会"： 例外规定： （1）有限公司全体股东以书面形式一致表示同意并在决定文件上签名、盖章的，可以不召开股东会议，直接作出决定。

决议不成立（程序瑕疵不可治愈，比可撤销决议严重）	例：甲有限公司拟增资 1000 万元用于扩大生产，因担心召开股东会议费时费力延误商机，故未召开股东会议表决，由全体股东以书面形式一致表示同意，直接作出增资决定，并由全体股东在该决定文件上签名、盖章。则该决议有效。 （2）公司章程规定可以不召开股东会或者股东大会而直接作出决定，并由全体股东在决定文件上签名、盖章的除外。 注意： （1）只是针对有限公司，可以不开股东会，全体股东签字、盖章，即决议成立有效。股份公司没有此规定。 （2）某董事会决议，股东大会未经召开会议而直接作出的，将面临不成立的法律风险，除非章程有规定。 2.“未表决”：会议未对决议事项进行表决的。 3.“参会不达标”：会议人数或股东所持表决权不符合公司法或章程规定。 4.“比例不达标”：会议的表决结果未达到公司法或者公司章程规定的通过比例的。 5. 导致决议不成立的其他情形。
撤销之诉与决议不成立之诉区别	决议不成立体现了决议行为的本质特征和成立要求，是指决议程序有严重瑕疵，以至于无法承认决议在法律上存在，而可撤销决议的程序瑕疵严重程度弱于决议不成立。可撤销决议的瑕疵可以被补正，决议不成立的瑕疵无法被补正。 表见下表

瑕疵严重程度	认定
严重瑕疵，导致决议不成立	不成立
一般瑕疵	决议可撤销（60 日内请求法院）
轻微瑕疵，对决议无实质影响的	有效

可撤销决议	1. 会议召集主体错误，主持人没有主持权。 2. 召集通知程序瑕疵：召集通知的方式；召集通知的时间；通知的事项不齐全，如未按照规定载明召集事由、会议的表决事项超过了通知中载明的提案和议程、缺乏开会时间和地点。 3. 表决形式出现错误。
轻微瑕疵不影响实质表决不可撤	轻微瑕疵的判断标准：应以该程序瑕疵是否会导致各股东无法公平地参与多数意思的形成以及获取对此所需的信息为判定标准。 1. 个别股东未收到通知而未能到会，但其表决权不影响决议效力。 2. 未按法定或约定时间通知会议。 3. 未按约定的形式通知会议。 4. 股东未对与其有关议案的表决回避，但其表决权不影响决议效力。
决议无效	1. 决议上股东的签字系伪造： （1）如果决议事项属于股东会职权范围，且被伪造签名的股东是否参加该次会议均不影响表决结果，则伪造签名的行为属于会议召集程序或者表决方式存在瑕疵，该决议事项属于可撤销范畴； （2）如果股东会的决议事项属于处分股东私权利，必须经被伪造签名的股东同意方为有效，若并非股东本人真实意思表示，该决议事项无效。例如：未经股东同意，伪造其签字，转让其所持有股权的决议。 2. 决议侵害了股东优先购买权。 3. 违法向股东分配利润的股东会决议无效。 4. 公司未依法通知全部股东参加股东会而作出决议，剥夺个别股东就公司重大事项表达意见、参与决策等重大权利。
原告与被告	1. 决议无效和不成立之诉的原告：公司股东、董事、监事等。 2. 决议撤销之诉的原告：只能是股东，应当在起诉时具有公司股东资格。

原告与被告	注意： （1）只要起诉的时候是股东即可。不要求决议的时候是股东，同样，如果决议的时候是股东，起诉的时候不具有股东资格，当然无权提出撤销之诉。 （2）起诉股东不受表决权有无、会议出席情况、表决情况、持股数量差异的限制。 （3）诉讼中股东全部转让股权后，公司决议撤销之诉如何处理： 应根据"当事人恒定原则"，《民诉解释》第 249 条和第 250 条的规定①处理，股东在诉讼中将全部股权转让的，不影响原告的主体资格和诉讼地位，法院作出的发生法律效力的判决、裁定对受让人具有拘束力。受让人申请以无独立请求权的第三人身份参加诉讼的，法院准许。受让人申请代替转让股权股东承担诉讼的，法院可以根据案件的具体情况决定是否准许；不予准许的，可追加其为无独立请求权的第三人。 3. 共同原告：一审法庭辩论终结前，其他有原告资格的人以相同的诉讼请求申请参加《公司法解释（四）》第 3 条第 1 款规定诉讼的，可以列为共同原告。 4. 决议不成立、无效或者撤销之诉的被告：公司。对决议涉及的其他利害关系人，可以依法列为第三人。

---

① 《民诉解释》第 249 条："在诉讼中，争议的民事权利义务转移的，不影响当事人的诉讼主体资格和诉讼地位。人民法院作出的发生法律效力的判决、裁定对受让人具有拘束力。受让人申请以无独立请求权的第三人身份参加诉讼的，人民法院可予准许。受让人申请替代当事人承担诉讼的，人民法院可以根据案件的具体情况决定是否准许；不予准许的，可以追加其为无独立请求权的第三人。"

《民诉解释》第 250 条："依照本解释第二百四十九条规定，人民法院准许受让人替代当事人承担诉讼的，裁定变更当事人。变更当事人后，诉讼程序以受让人为当事人继续进行，原当事人应当退出诉讼。原当事人已经完成的诉讼行为对受让人具有拘束力。"

与善意第三人法律关系不受影响	股东会或者股东大会、董事会决议被人民法院判决确认无效或者撤销的，公司依据该决议与善意相对人形成的民事法律关系不受影响。
基于公司决议效力和公司决议做出的公司行为一并起诉的处理	不宜同案处理，告知相关权利人在公司决议效力诉讼作出生效判决后，另行主张，另行审理。
管辖法院	1.《民诉法》第26条规定："因公司设立、确认股东资格、分配利润、解散等纠纷提起的诉讼，由公司住所地人民法院管辖。"故因公司决议纠纷而提起的诉讼应以公司住所地法院为管辖法院。 2.《民诉解释》第3条规定："法人或者其他组织的住所地是指法人或者其他组织的主要办事机构所在地。法人或者其他组织的主要办事机构所在地不能确定的，法人或者其他组织的注册地或者登记地为住所地。"

（二）实战演练

例1 2007年5月12日，茜悦有限责任公司（以下简称茜悦公司）成立，由甲、乙、丙、丁、戊、己共同投资，注册资金1000万元。公司章程载明：

甲、乙、丙各出资10万元，各占注册资金的1%；丁出资300万元、戊出资300万元、己出资370万元，分别占注册资金的30%、30%、37%。

公司经营期限10年，从企业法人营业执照签发之日开始计算。

出现公司经营期限届满、出现股东会决议解散公司情形之一的，可以解散公司。

2017 年 5 月 2 日的茜悦公司股东会议记录载明，经执行董事召集，在全体股东参加下召开本次股东会，一致通过如下事项：变更经营期限为 15 年，修改公司章程……该股东会决议全体股东签名处，有股东甲、乙、丙的签名，但并非本人亲自签署。

2017 年 8 月 4 日，甲、乙、丙发现该决议后，不同意延长公司经营期限，遂向人民法院提起诉讼，主张其未收到该次股东会议通知参加会议且签名系伪造，请求法院撤销该决议。

茜悦公司辩称：

（1）该决议是由代表三分之二以上表决权的股东通过的，符合《公司法》及茜悦公司章程规定，决议合法有效。

（2）甲、乙、丙持有茜悦公司股份合计比例为 3%，即使参加股东会议并投反对票，也不影响决议结果，召集程序只是存在轻微瑕疵，且对决议不产生实质影响。

（3）甲、乙、丙未在决议作出之日起 60 日内，请求人民法院撤销。

请回答下列问题：

（1）2017 年 5 月 2 日茜悦公司的股东会议决议效力如何？为什么？

（2）法院是否应当受理？为什么？

答：（1）该决议应当认定为无效，而不是可撤销决议。

首先，有限责任公司具有人合性，股东实际参加股东会并作出真实意思表示，是决议有效的必要条件。公司未依法通知全部股东参加股东会而作出决议，剥夺个别股东就公司重大事项表达意见、参与决策等权利，并不单纯属于股东会召集程序违法的范畴。茜悦公司未依法通知全部股东参加股东会而作出决议，剥夺了股东由《公司法》规定的股东知情权、参加股东会议权。

其次，《公司法》第 22 条规定了股东请求撤销决议的期限是 60 日，从决议作出之日起计算。如果认定该股东会决议为可撤销，未接到通知的股东会因为时效经过而导致决议撤销权也最终受到侵害。

最后，股东甲、乙、丙的签名系伪造且三人并不追认签名的代理权，签名伪造可以证明未通知股东甲、乙、丙具有恶意。

综上，茜悦公司召开股东会前未履行其应尽的通知甲、乙、丙参会的义务行为违反法律强制性规定，故该决议应认定为无效。

（2）虽然甲、乙、丙提起的是申请撤销决议之诉，但法院仍应当受理：

如果股东应当提起撤销之诉却提起了确认之诉，或者应当提起确认之诉却提起了撤销之诉，法官应就上述《公司法》的规定向原告进行法律释明，引导原告作出正确选择。《最高人民法院关于民事诉讼证据的若干规定》第 35 条规定："诉讼过程中，当事人主张的法律关系的性质或者民事行为的效力与人民法院根据案件事实作出的认定不一致的，不受本规定第三十四条规定的限制，人民法院应当告知当事人可以变更诉讼请求。"如果经法官释明，原告不变更诉讼请求，根据"不告不理"原则应当驳回原告的诉讼请求。

十二、代表诉讼

救济对象	公司的共益权。非股东个人的权利和利益。	
含义	股东代表诉讼，又称派生诉讼、股东代位诉讼，是指当公司的合法权益受到不法侵害而公司却怠于起诉时，公司的股东代公司的位以自己的名义起诉，所获赔偿归于公司的一种诉讼形态。	
前置程序	股东不能直接提起代表诉讼，要有前置程序，适用"交叉请求规则"： 1. 原则：若董事、高管给公司造成损失，则股东须书面请求监事会或监事向法院起诉；若监事给公司造成损失，股东则要书面请求董事会或执行董事向法院起诉。 2. 起诉时列公司为原告。 （1）如果董事或者高管损害公司利益，由监事会主席或不设监事会的有限责任公司的监事代表公司进行诉讼。 （2）如果监事或者他人损害公司利益，依法由董事长或者执行董事代表公司进行诉讼。	
股东代表诉讼	发生前提	有以下三种情形之一： 1. "拒绝"：监事会、不设监事会的有限责任公司的监事，或董事会、执行董事收到前述规定的股东书面请求后拒绝提起诉讼。 2. "情况紧急"：不立即提起诉讼将会使公司利益受到难以弥补的损害。 3. "30日未起诉"：自收到请求之日起30日内未提起诉讼。 那么，股东代公司的位，以自己的名义作为原告提起诉讼。
	原告	1. 原告：股东。股东以自己的名义提起诉讼。 注意有限公司和股份公司提起代表诉讼对股东要求有区别。

股东代表诉讼	原告	有限公司：具有人合性，是股东就可以提起； 股份公司：要求连续 180 日以上单独或者合计持有公司 1% 以上股份的股东。（注意：要求持股时间和持股比例必须同时满足） 2. 一审法庭辩论终结前，符合条件的其他股东，以相同的诉讼请求申请参加诉讼的，应当列为共同原告。 3. 应当列公司为第三人参加诉讼。 4. 何时成为股东不影响其起诉：股东提出股东代表诉讼，被告以行为发生时原告尚未成为公司股东，并据此抗辩该股东不是适格原告的，人民法院不予支持。
	被告	实施侵害公司利益行为的公司董事、经理、监事或他人。
	股东代表诉讼的反诉	1. 股东提起股东代表诉讼后，被告以原告股东恶意起诉侵犯其合法权益为由提出反诉的，人民法院应当受理。 2. 股东提起股东代表诉讼后，被告以公司在涉案纠纷中应当承担侵权或者违约等责任为由对公司提出反诉的，因不符合反诉的要件，人民法院应当裁定不予受理；已经受理的，裁定驳回起诉。
	股东代表诉讼的调解	调解协议只有经公司股东会或者股东大会、董事会会议决议通过后才能生效：公司是股东代表诉讼的最终受益人，为避免因原告股东与被告通过调解损害公司利益，有必要对股东代表诉讼中的调解进行限制。为此，有必要规定调解协议只有经公司股东会或者股东大会、董事会会议决议通过后才能生效。至于具体应由何种机关决议，则取决于公司章程如何规定。

监事与董事均作为被告的，豁免代表诉讼的前置程序	通常情况下，只有经过了前置程序，公司有关机关决定不起诉或者怠于提起诉讼，股东才有权提起代表诉讼。董事和监事在同一案件中，无法既代表公司又代表被告。公司监事与董事均作为被告的，为及时维护公司利益，应予免除代表诉讼的前置程序。
诉讼中如果被解除股东身份，则无资格继续提起股东代表诉讼	有限责任公司的股东会有权以股东会决议形式解除股东资格。因此，诉讼中如果被解除股东身份，则无资格继续提起股东代表诉讼。
胜诉利益归属和诉讼费用负担	1. 胜诉利益归属于公司。股东请求被告直接向其承担民事责任的，人民法院不予支持。 2. 胜诉时公司支付合理费用。其诉讼请求部分或者全部得到人民法院支持的，公司应当承担股东因参加诉讼支付的合理费用（例如调查费、评估费、公证费等）。如果败诉，则自行承担，有助于股东积极谨慎的行使诉权。
公司清算中和终止后对清算组成员的代表诉讼	1. 《公司法解释（二）》第23条规定："清算组成员从事清算事务时，违反法律、行政法规或公司章程给公司或者债权人造成损失，公司或者债权人主张其承担赔偿责任的，人民法院应依法予以支持。有限责任公司的股东、股份有限公司连续一百八十日以上单独或者合计持有公司百分之一以上股份的股东，依据公司法第一百五十一条第三款的规定，以清算组成员有前款所述行为为由向人民法院提起诉讼的，人民法院应予受理。" 2. 公司已经清算完毕注销，上述股东直接以清算组成员为被告、其他股东为第三人向人民法院提起诉讼的，人民法院应予受理。

十三、有限责任公司股权转让规则

有限责任公司股权转让规则	
章程可对股权转让优先规定	1. 公司章程对股权转让另有规定的，从其规定。（非法定，可另行约定） 2. 章程过度限制股权转让，条款无效。可以有条件的限制，但不能导致股权最终实质上不能转让。有限公司章程条款过度限制股东转让股权，导致股权实质上不能转让，股东请求确认该条款无效的，应予支持。 例如：章程规定股东股权对外转让需要经过全体股东一致同意，或者规定股东作为公司董事和高管期间股权禁止对外转让，这是合法有效的。
对内转让	自由（"无须经过同意、通知"）：有限公司股东之间可以相互转让全部或部分股权。
对外转让	1. 原则："人头过半"，即向股东以外的人转让股权，应当经其他股东过半数同意。 注意：过半数不包含本数，例如公司有 9 个股东，其中有 1 个要对外转让股权，那么需要经过其他 8 个股东过半数，不包含本数，也就是 5 个股东的同意才可。
	2. 对外转让需以书面或能够确认收悉的合理方式通知并征求同意： 有限责任公司的股东向股东以外的人转让股权，应就其股权转让事项以书面或者其他能够确认收悉的合理方式通知其他股东征求同意。
	3. 两种推定同意情形：（"30 日 + 不买"） （1）其他股东自接到书面通知之日起满 30 日未答复的，视为同意转让。 （2）其他股东半数以上不同意转让的，不同意的股东应当购买该转让的股权；不购买的，视为同意转让。

对外转让	4. 同等条件下的其他股东优先购买权： （1）"同等条件"考虑因素：应当考虑转让股权的数量、价格、支付方式及期限等因素。 （2）股东同意转让的股权，在同等条件下，其他股东有优先购买权。两个以上股东主张行使优先购买权的，协商确定各自的购买比例；协商不成的，按照转让时各自的实缴出资比例行使优先购买权。（协商→认缴出资） 注意： ①优先购买权不能部分行使。 ②原则上，股东应该以高于或者与第三人同等的价格行使优先购买权，如果转让股东与第三人恶意串通虚拟高价以规避其他股东优先购买权时，其他股东有权以双方"真实的转让价格"作为同等条件的标准。 ③对转让股权股东的利益没有实质影响的，不宜作为同等条件的考虑因素。 （3）优先购买权的行使期间：（章程→通知→通知未载明或短于 30 日，以 30 日为准，并且不适用中止、中断和延长） 有限责任公司的股东主张优先购买转让股权的，应当在收到通知后，在公司章程规定的行使期间内提出购买请求。公司章程没有规定行使期间或者规定不明确的，以通知确定的期间为准，通知确定的期间短于 30 日或者未明确行使期间的，行使期间为 30 日。 （4）同意对外转让的股东也享有对股权的优先购买权。 （5）股权转让同等条件的通知方式： 经股东同意转让的股权，其他股东主张转让股东应向其以书面或其他能够确认收悉的合理方式通知转让股权的同等条件的，人民法院应当予以支持。
	5. 转让股权股东有"反悔权"，但章程和全体股东可以排除"反悔权"。其他股东主张优先购买权后，转让股东可拒绝转让，但应承担合理损失。 有限责任公司的转让股东，在其他股东主张优先购买后又不同意转让股权的，对其他股东优先购买的主张，人民法院不予支持，但公司章程另有规定或者全体股东另有约定的除外。

	其他股东主张转让股东赔偿其损失合理的，人民法院应当予以支持。（比如，股东主张优先购买权，为了购买股份进行筹款，和别人签订了需支付利息的合同，如果后来转让股权的股东反悔了，其他股东可对此利息的损失要求转让股权的股东进行支付）
	6. 不适用优先购买权的情形： （1）**股权继承：**有限责任公司的自然人股东因继承发生变化时，其他股东主张行使优先购买权的，人民法院不予支持，但公司章程另有规定或者全体股东另有约定的除外。 （2）**"对内转让"：**有限责任公司的股东之间相互转让其全部或者部分股权，其他股东主张优先购买的，不予支持，但公司章程另有规定的除外。 注意：股权赠与的时候，其他股东是有优先购买权的。
对外转让	**7. 损害股东优先购买权的股权转让合同效力：**（法院一般不作评价，不能直接认定股权转让无效） （1）**原则：**股东优先购买权受损情况下进行的股权对外转让，股东可主张同等条件购买。 **有限责任公司的股东**向股东以外的人转让股权，未就其股权转让事项征求其他股东意见，或者以欺诈、恶意串通等手段，损害其他股东优先购买权，其他股东主张按照同等条件购买该转让股权的，人民法院应当予以支持。 例外：知、应知同等条件起超过 30 日，或股权变更登记之日起超过 1 年，其他股东不得主张优先购买权。 （2）其他股东不能单独提出股权转让合同无效的诉讼：仅提出确认股权转让合同及股权变动效力等请求，未同时主张按照同等条件购买转让股权的，人民法院不予支持，但其他股东非因自身原因导致无法行使优先购买权，请求损害赔偿的除外。 （3）股东以外的股权受让人，因股东行使优先购买权而不能实现合同目的的，可以依法请求转让股东承担相应民事责任。

对外转让	注意： ①股权变更登记已过 1 年，其他股东才知道或者应该知道其优先购买权受到损害，其不能主张优先购买权，显然不是自身原因导致的，这时他只能请求损害赔偿。 ②如果股东只是提出股权转让合同效力的请求，而不主张行使优先购买权，法院需要作出释明，如果原告坚持不改变诉讼请求，只能驳回。例外是，非自身原因导致无法行使优先购买权的情况下，不但可以提出损害赔偿，也可以提出确认股权转让合同及股权变动效力等请求。
强制执行	人民法院依强制执行程序转让股东的股权时，应通知公司及全体股东（但是不需要公司或股东的同意），其他股东在同等条件下有优先购买权。其他股东自法院通知之日起满 20 日不行使优先购买权的，视为放弃优先购买权。
股东的退出机制——股权回购	有下列情形之一，对股东会该项决议投反对票的股东可请求公司按照合理的价格收购其股权：（"股东异议＋以下三种中任意一种情形"） 1. "连续双五"：公司连续 5 年不向股东分配利润，而公司该 5 年连续盈利，并且符合本法规定的分配利润条件的； 2. "分、合、转"：公司合并、分立、转让主要财产的； 注意： （1）转让资产是否构成公司主要财产，应从该资产是否是公司经营的常规核心资产、该资产占公司资产的比例，转让财产是否实质影响了公司的设立目的及公司存续，是否影响了公司的正常经营等因素进行考量。 （2）子公司重大资产处置行为可以被穿透认定为母公司重大资产处分。 3. "到期了"：公司章程规定的营业期限届满或章程规定的其他解散事由出现，股东会会议决议修改章程使公司存续的。自股东会会议决议通过之日起 60 日内，股东与公司不能达成股权收购协议的，股东可以自股东会会议决议通过之日起 90 日内向人民法院提起诉讼。

	注意：异议股东股权回购请求权属于形成权，两个时间都是从股东会决议之日起算，属于除斥期间，不发生中止和中断，超过法定期间的，法院不予支持。
	约定回购：除了法定的股权回购情形，公司章程或约定的股权回购，如果不违反法律、法规等规定，也可认定合法有效。
股东的退出机制——股权回购	"人走股留"：公司章程中"人走股留"的规定，合法有效，即章程规定存在劳动关系的股东一旦离开公司，公司按照公司章程约定，支付合理对价回购其股权，且通过转让给其他股东的方式进行处置，是合法有效的。首先，章程是公司设立时全体股东一致同意并对公司及全体股东产生约束力的规则性文件，股东在公司章程上签名的行为，应视为其对"人走股留"的认可和同意，该章程对股东产生约束力。其次，基于有限责任公司的封闭性和人合性，公司章程作出"人走股留"的规定是对公司股东转让股权的限制，而不是完全禁止，并未违反公司法强行性规定，是公司自治原则的体现，因此，公司章程中"人走股留"规定合法有效。
	"对赌协议"中的股权回购： 是指在股权性融资协议中包含了股权回购或者现金补偿等内容的交易安排。目前的裁判规则是： （1）"对赌协议"中股东承诺回购若系各方当事人真实意思表示，不违反《合同法》第 52 条法律、行政法规的强制性规定的，则为有效协议。此外，还需根据《合同法》第 54 条的可撤销规定进行审查。 （2）"与股东对赌有效"：对于投资方与股东或者实际控制人签订的对赌协议的效力，实践中均认可其合法有效，并无争议。 （3）"与公司对赌有效"，但能否判决强制履行，则要看是否符合《公司法》关于股份回购或者盈利分配等强制性规定。一旦存在法律上不能履行的情形，则可以根据《合同法》

股东的退出机制——股权回购	第110条①的规定，驳回投资方请求继续履行的诉讼请求。例如，投资方请求目标公司收购其股权的，而目标公司一旦履行该义务，就会违反《公司法》关于回购的规定。要不违反《公司法》的上述强制性规定，目标公司就必须履行减少公司注册资本的义务。因此，**在目标公司没有履行减资义务的情况下，对投资方有关收购股权的请求，就不应予以支持**。又如，根据《公司法》规定，公司只有在弥补亏损和提取公积金后仍有利润的情况下才能进行分配。在目标公司没有可分配利润的前提下，对投资方有关分配利润的诉讼请求，也不应予以支持。
股权可继承，但章程可另行约定	1. 股东无须具有完全民事行为能力，自然人股东死亡后，其合法继承人可以继承股东资格，但公司章程另有规定的除外。 2. 股东死亡后，通过召开股东会修改公司章程排除股东身份的继承，应认定无效，不影响股东身份继承。
股权转让裁判要旨	1. 股权转让款项的来源不影响股权转让协议的效力。 2. 有限责任公司的股权分期支付转让款中发生股权受让人延迟或者拒付等违约情形，股权转让人要求解除双方签订的股权转让合同的，不适用《合同法》第167条关于分期付款买卖中出卖人在买受人未支付到期价款的金额达到合同全部价款的1/5时即可解除合同的规定。 3. 矿业权与股权是两种不同的民事权利，如果仅转让公司股权而不导致矿业权主体的变更，则不属于矿业权转让，转让合同无须地质矿产主管部门审批，在不违反法律、行政法规强制性规定的情况下，应认定合同合法有效。迟延履行生效

---

① 《合同法》第110条："当事人一方不履行非金钱债务或者履行非金钱债务不符合约定的，对方可以要求履行，但有下列情形之一的除外：

（一）法律上或者事实上不能履行；

（二）债务的标的不适于强制履行或者履行费用过高；

（三）债权人在合理期限内未要求履行。"

股权转让 裁判要旨	合同约定义务的当事人以迟延履行期间国家政策变化为由主张情势变更的,不予支持。 4. 非因自身过错未能参加股东会的股东,虽未对股东会决议投反对票,但对公司转让主要财产明确提出反对意见的,其请求公司以公平价格收购其股权,法院应予支持。 5. 夫妻共同持有公司股权: (1) 夫妻双方共同出资设立公司的,应当以各自所有的财产作为注册资本,并各自承担相应的责任。因此,夫妻双方登记注册公司时应当提交财产分割证明。未进行财产分割的,应当认定为夫妻双方以共同共有财产出资设立公司,在夫妻关系存续期间,夫或妻名下的公司股份属于夫妻双方共同共有的财产,作为共同共有人,夫妻双方对该项财产享有平等的占有、使用、收益和处分的权利。 (2) 夫或妻一方转让共同共有公司股权的行为,属于对夫妻共同财产做出重要处理,应当由夫妻双方协商一致并共同在股权转让协议、股东会决议和公司章程修正案上签名。 (3) 夫妻双方共同共有公司股权的,夫或妻一方与他人订立股权转让协议的效力问题,应当根据案件事实,结合另一方对股权转让是否明知、受让人是否为善意等因素进行综合分析。如果能够认定另一方明知股权转让,且受让人是基于善意,则股权转让协议对于另一方具有约束力。① 6. 为短期融资目的而进行的股权转让及回购应为合法:当事人之间出于短期融资需要,而非以长期牟利为目的而进行的股权转让及回购等安排,其合法性应予承认。

① 根据《婚姻法解释(一)》第17条第(二)项的规定:"夫或妻非因日常生活需要对夫妻共同财产做重要处理决定,夫妻双方应当平等协商,取得一致意见。他人有理由相信夫或妻一方做出的处理为夫妻双方同意思表示的,另一方不得以不同意或不知道为由对抗善意第三人。"

十四、股份公司股权转让规则

股份公司股权转让规则	
原则	股东持有的股份可以依法转让: 1. 不分对内对外,以自由转让为原则,无须其他股东同意,没有优先购买权。 2. 只能法定限制,章程除了对董、监、高之外,不能另行规定限制。
转让方式	1. 记名股票:股东以背书方式或者法律、行政法规规定的其他方式转让;转让后由公司将受让人姓名或名称及住所记载于股东名册。 2. 股东大会召开前20日内或者公司决定分配股利的基准日前5日内,不得进行上述规定的股东名册的变更登记。但是法律对上市公司股东名册变更登记另有规定的从其规定。 3. 无记名股票:由股东将该股票交付给受让人后即发生转让的效力。
股份转让限制	法定限制:"三个一半25%": 1. 发起人自公司成立之日起1年内不得转让; 2. 公司公开发行股份前已发行的股份,自公司股票在证券交易所上市交易之日起1年内不得转让; 3. 公司董事、监事、高级管理人员的限制: (1) 上市后1年内; (2) 离职后半年内; (3) 任职期间每年转让不得超其所持有本公司股份总数的25%。 公司章程可以对公司董事、监事、高级管理人员转让其所持有的本公司股份作出其他限制性规定。
股份回购禁止的例外	公司不得收购本公司股份。但是,有下列情形之一的除外: 1. 减少公司注册资本; 2. 与持有本公司股份的其他公司合并; 3. 将股份用于员工持股计划或者股权激励; 4. 股东因对股东大会作出的公司合并、分立决议持异议,要

股份回购禁止的例外	求公司收购其股份； 5. 将股份用于转换上市公司发行的可转换为股票的公司债券； 6. 上市公司为维护公司价值及股东权益所必需。 公司因上述第 1 项、第 2 项规定的情形收购本公司股份的，应当经股东大会决议；因第 3 项、第 5 项、第 6 项规定的情形收购本公司股份的，可以依照公司章程的规定或者股东大会的授权，经 2/3 以上董事出席的董事会会议决议。 公司依照《公司法》第 142 条第 1 款规定收购本公司股份后，属于第 1 项情形的，应当自收购之日起 10 日内注销；属于第 2 项、第 4 项情形的，应当在 6 个月内转让或者注销；属于第 3 项、第 5 项、第 6 项情形的，公司合计持有的本公司股份数不得超过本公司已发行股份总额的 10%，并应当在 3 年内转让或者注销。 上市公司收购本公司股份的，应当依照《证券法》的规定履行信息披露义务。上市公司因《公司法》第 142 条第 1 款第 3 项、第 5 项、第 6 项规定的情形收购本公司股份的，应当通过公开的集中交易方式进行。 公司不得接受本公司的股票作为质押权的标的。
限制转让的股权是否可以质押	法律对股权质押没有特殊规定，限制转让的股权是可以用于质押的，在实现质权即对股权进行变价时，应该依法进行，接受《公司法》和《证券法》等法律、法规对股权转让的限制。
裁判要旨	1. 股份公司的发起人在法律规定的禁售期内预先签订的股权转让合同应当认定有效。 2. 发起人股份在禁售期内可以被法院查封拍卖。

十五、司法解散

司法解散概念（又称"公司僵局"）	是指公司经营管理发生严重困难，继续存续会使股东利益受到重大损失，通过其他途径不能解决的，持有公司全部股东表决权 10% 以上的股东，可请求法院解散公司。（注意：不是 10% 以上的股东）

前提条件（"人"出现了问题，即，公司管理出现问题，不是单纯生产出现问题）	1. 经营管理发生严重困难： 判断重点在于公司管理方面存在严重内部障碍，决策机构不能正常运转，如股东会机制失灵、无法就公司的经营管理进行决策等，不应片面理解为公司资金缺乏、严重亏损等经营性困难。处在盈利状态，不是不能司法解散的抗辩事由。 （1）公司持续两年以上无法召开股东会或者股东大会，公司经营管理发生严重困难。主要表现为"无人召集"或"召集之后没有股东出席会议"。（股东"开不了会"） （2）股东表决时无法达到法定或者公司章程规定的比例，持续两年以上不能做出有效的股东会或者股东大会决议，公司经营管理发生严重困难的。（"股东会无法作出决议"） （3）公司董事长期冲突，且无法通过股东会或股东大会解决，公司经营管理发生严重困难。（"董事冲突"） （4）经营管理发生其他严重困难，公司继续存续会使股东利益受到重大损失的情形。 股东以知情权、利润分配请求权等权益受到损害，或者公司亏损、财产不足以偿还全部债务，以及公司被吊销企业法人营业执照未进行清算等为由，提起解散公司诉讼的，人民法院不予受理。 注意：司法解散的适用前提就是"人"（包括股东和董事）出现了问题，而不是公司生产出现问题。即使还在盈利状态中，也有可能被司法解散。
	2. 继续存续会使股东利益受到重大损失：一般指公司经营管理严重困难导致公司资产不断减损。
	3. "用尽公司内部救济"：判断是否通过其他途径不能解决，应审查公司股东是否采取协商或者寻求股权转让、公司分立以及与公司协商收购股份，或者通过减资退出公司等自救措施。公司司法解散应是在其他救济途径不能解决的基础上最终采取的救济手段。

原告、被告	1. 原告：持有公司全部股东表决权10%以上的股东。 2. 被告：公司。其他股东或有关利害关系人可以共同原告或者第三人身份参加诉讼。 3. 原告以其他股东为被告一并提起诉讼的，人民法院应当告知原告将其他股东变更为第三人。
可申请财产保全和证据保全（前提：股东担保＋不影响经营）	股东提起解散公司诉讼时，向人民法院申请财产保全或证据保全的，在股东提供担保且不影响公司正常经营的情形下，可予以保全。
注重调解	1. 人民法院审理解散公司诉讼案件，应当注重调解。当事人协商同意由公司或者股东收购股份，或者以减资等方式使公司存续，且不违反法律、行政法规强制性规定的，人民法院应予支持。当事人不能协商一致使公司存续的，人民法院应当及时判决。 2. 经人民法院调解公司收购原告股份的，公司应当自调解书生效之日起6个月内将股份转让或者注销。股份转让或者注销之前，原告不得以公司收购其股份为由对抗公司债权人。
解散和清算的处理	1. 股东提起解散公司诉讼，同时又申请人民法院对公司进行清算的，法院对其提出的清算申请不受理。（司法解散程序优先） 2. 在人民法院判决解散公司后，自行组织清算或者另行申请人民法院对公司进行清算。
解散效力	"一事不再理"：人民法院关于解散公司诉讼作出的判决，对公司全体股东具有法律约束力，且股东不得再以同一事实和理由提起解散公司诉讼。

解散公司的自行清算和指定清算	1. 自行清算：解散事由 15 日内，具体组成参照《公司法》关于清算组成立的规定。 2. 指定清算：债权人或股东申请。 （1）公司解散逾期不成立清算组进行清算的； （2）虽然成立清算组但故意拖延清算的； （3）违法清算可能严重损害债权人或者股东利益的。
债权人补充申报债权	清算程序终结前，可以补充申报的债权，应在公司尚未分配财产和股东已取得的剩余财产范围内予以清偿。若债权人存在重大过错，则无权再要求在公司股东已经分得的财产中受偿。
未缴纳出资应作为清算财产	1. 公司解散时，股东尚未缴纳的出资均应作为清算财产。 2. 公司财产不足以清偿债务时，未缴出资股东或其他发起人在未缴出资范围内对公司债务承担连带清偿责任。
股东和清算组成员违法从事清算事务的民事责任	1. 有限责任公司的股东、股份有限公司的董事和控股股东未在法定期限内成立清算组开始清算，导致公司财产贬值、流失、毁损或者灭失，应对公司债务承担赔偿责任；上述人员怠于履行义务，导致公司主要财产、账册、重要文件等灭失，无法进行清算的，应对公司债务承担连带清偿责任。（上述情形系实际控制人原因造成的，则由实际控制人承担） 2. 清算组成员从事清算事务时，违反法律、行政法规或者公司章程给公司或者债权人造成损失，有限责任公司的股东、股份有限公司连续 180 日以上单独或者合计持有公司 1% 以上股份的股东，可以以清算组成员有前述行为为由提起诉讼；公司已经清算完毕注销，前述股东直接以清算组成员为被告、其他股东为第三人向人民法院提起诉讼的，人民法院应予受理。

	1. 隐名股东无权提起公司司法解散之诉。
裁判要旨	2. 因特殊原因未办理或未及时办理工商变更登记的股东可以提起解散公司之诉。
	3. 司法解散的适用必须用尽内部救济，是在其他救济途径不能解决的基础上最终采取的救济手段。例如，通过协商或者寻求股权转让、公司分立以及与公司协商收购股份，或者通过减资退出公司等自救措施仍无法解决，才能最终适用。
	4. 即使股东对公司僵局的产生具有过错，其仍然有权提起公司解散之诉，过错方起诉不应等同于恶意诉讼。
	5. 大股东利用股权优势处分公司资产，损害小股东利益，小股东可通过股东权益诉讼等方式而非公司司法解散诉讼解决。

十六、公司的清算

含义	公司清算是指解散的公司清理债权债务、分配剩余财产、了结公司的法律关系，使公司归于消灭的程序。
例外	除公司合并、分立豁免清算外，其他公司解散的情形都须清算。
自行清算和指定清算	1. 公司应在解散事由出现之日起 15 日内成立清算组，开始自行清算。
	2. 有下列情形之一，债权人申请人民法院指定清算组进行清算的，人民法院应予受理：
	（1）公司解散逾期不成立清算组进行清算的；
	（2）虽然成立清算组但故意拖延清算的；
	（3）违法清算可能严重损害债权人或者股东利益的。
	具有以上所列情形，而债权人未提起清算申请，公司股东申请人民法院指定清算组对公司进行清算的，人民法院应予受理。

清算组组成	1. 自行清算： （1）有限责任公司的清算组由股东组成。 （2）股份有限公司的清算组由董事或者股东大会确定的人员组成。 2. 指定清算：法院受理公司清算案件，应及时指定人员组成清算组。清算组成员可从下列人员或机构中产生：（"股、董、监、高＋专业人士"，没有债权人） （1）公司股东、董事、监事、高级管理人员。 （2）依法设立的律师事务所、会计师事务所、破产清算事务所等社会中介机构。 （3）依法设立的律师事务所、会计师事务所、破产清算事务所等社会中介机构中具备相关专业知识并取得执业资格的人员。
清算组职权	1. 清理公司财产，分别编制资产负债表和财产清单。 2. 通知、公告债权人。 3. 处理与清算有关的公司未了结的业务。 4. 清缴所欠税款以及清算过程中产生的税款。 5. 清理债权、债务。 6. 处理公司清偿债务后的剩余财产。 7. 代表公司参与民事诉讼活动。 注意： 1. 公司依法清算结束并办理注销登记前，有关公司的民事诉讼，应当以公司的名义进行。 2. 公司成立清算组的，由清算组负责人代表公司参加诉讼；尚未成立清算组的，由原法定代表人代表公司参加诉讼。
通知公告、债权人申报债权	1. 清算组应当自成立之日起10日内通知债权人，并于60日内在报纸上公告。 2. 债权人应当自接到通知书之日起30日内，未接到通知书的自公告之日起45日内，向清算组申报其债权。 3. 债权人申报债权，应当说明债权的有关事项，并提供证明材料。清算组应当对债权进行登记。 4. 有限责任公司清算组在清算工作中，未依法律规定履行通知义务，给债权人造成财产损失的，应负连带赔偿责任。

清算方案的生效	1. 自行清算的，清算方案报股东会（大会）决议确认。 2. 法院组织清算的，清算方案应当报人民法院确认。 3. 未经确认的清算方案，清算组不得执行。 4. 执行未经确认的清算方案给公司或者债权人造成损失，公司、股东或者债权人主张清算组成员承担赔偿责任的，人民法院应依法予以支持。
职权限制	1. 清算期间，公司存续，但不得开展与清算无关的经营活动。 2. 在申报债权期间，清算组不得对债权人进行清偿。（个别清偿禁止）
责任	1. 有限责任公司的股东、股份有限公司的董事和控股股东未在法定期限内成立清算组开始清算，导致公司财产贬值、流失、毁损或者灭失，债权人主张其在造成损失范围内对公司债务承担赔偿责任的，人民法院应依法予以支持。 有限责任公司的股东、股份有限公司的董事和控股股东因怠于履行义务，导致公司主要财产、账册、重要文件等灭失，无法进行清算，债权人主张其对公司债务承担连带清偿责任的，人民法院应依法予以支持。 上述情形系实际控制人原因造成，债权人主张实际控制人对公司债务承担相应民事责任的，人民法院应依法予以支持。 2. 有限责任公司的股东、股份有限公司的董事和控股股东，以及公司的实际控制人在公司解散后，恶意处置公司财产给债权人造成损失，或者未经依法清算，以虚假的清算报告骗取公司登记机关办理法人注销登记，债权人主张其对公司债务承担相应赔偿责任的，人民法院应依法予以支持。 3. 公司解散应当在依法清算完毕后，申请办理注销登记。公司未经清算即办理注销登记，导致公司无法进行清算，债权人主张有限责任公司的股东、股份有限公司的董事和控股股东，以及公司的实际控制人对公司债务承担清偿责任的，人民法院应依法予以支持。 公司未经依法清算即办理注销登记，股东或者第三人在公司登记机关办理注销登记时承诺对公司债务承担责任，债权人主张其对公司债务承担相应民事责任的，人民法院应依法予以支持。

责任	**4. 代表诉讼**：清算组成员从事清算事务时，违反法律、行政法规或者公司章程给公司或者债权人造成损失，公司或者债权人主张其承担赔偿责任的，人民法院应依法予以支持。 有限责任公司的股东、股份有限公司连续 180 日以上单独或者合计持有公司 1% 以上股份的股东，依据《公司法》第 151 条第 3 款的规定，以清算组成员有前述行为为由向人民法院提起诉讼的，人民法院应予受理。 公司已经清算完毕注销，上述股东参照《公司法》第 151 条第 3 款的规定，直接以清算组成员为被告、其他股东为第三人向人民法院提起诉讼的，人民法院应予受理。 **5. 公司超额履行其应承担的连带赔偿义务后注销，原公司股东均有继受该遗留债权权利，可作为权利人行使追偿权。**

十七、公司合并、分立、增加和减少注册资本

合并和分立的类型	吸收合并：A + B = A。B 的人格消灭，A 的人格存续。 新设合并：A + B = C。A、B 的人格都消灭，产生新的人格 C。
	派生分立：A = A + B。B 的人格派生出来，A 的人格继续存续。 新设分立：A = B + C。A 的人格消灭，产生两个或者两个以上的新人格。
共同规定	**1. 公司解散要清算，但是公司的合并、分立无须清算。分立合并即使导致了解散，也无须进行清算。** **2. 有限公司**：必须经代表 2/3 以上表决权的股东通过。 **股份公司**：出席会议的股东表决权 2/3 以上通过。 **3. 编制资产负债表及财产清单。（增资没有此规定）** 4. 通知和公告：公司应当自作出合并决议之日起 **10 日内**通知债权人，并于30 日内在报纸上公告。（增资没有此规定） 5. 修改公司章程，办理工商变更登记。

共同规定	注意：合并、分立和减少注册资本也包括以上5点相同的步骤： 即：形成2/3多数决→编制资产负债表及财产清单→通知、公告→修改公司章程→工商登记变更。
特殊规定	合并的特殊规定：（"偿债、担保＋继承"） 1. 债权人可要求偿债和担保：对债权人保护的特殊救济性规定：债权人自接到通知书之日起30日内，未接到通知书的自公告之日起45日内，可以要求公司清偿债务或者提供相应的担保。（注意：减少注册资本也有债权人要求偿债和担保的规定） 2. 债权债务继承：公司合并时，合并各方的债权、债务，应当由合并后存续的公司或者新设的公司承继。
	分立的特殊规定： 连带责任：公司分立前的债务由分立后的公司承担连带责任。但是，公司在分立前与债权人就债务清偿达成的书面协议另有约定的除外。
	注意：合并才有"债权人保护特殊程序规则"，即债权人可要求偿债和担保；分立只存在连带责任，要注意区别。
增加注册资本	有限公司：新增资本时，股东有权优先按照实缴的出资比例认缴出资。但是，全体股东约定不按照出资比例分取红利或者不按照出资比例优先认缴出资的除外。 股份公司：增资时，股东没有优先认缴的权利。
合并未通、告债权人，导致债权人无法要求偿债和担保，并不导致合并无效	《公司法》并未规定公司不按照债权人的要求清偿债务或者提供相应担保的，债权人可以阻止或者否定合并。但是债权人提出上述要求后，若公司既不清偿债务，又不提供相应担保，而公司股东仍坚持进行合并的，则应承担相应的风险，一旦合并行为被证明损害了要求清偿债务或者提供相应担保的债权人的利益，公司股东应承担相应的损害赔偿责任。

减资未履行通、告义务导致减资后公司不能对债权人清偿，股东在减资范围内承担补充赔偿责任	1. "通知＋公告"是都要履行的法定义务：公司减资时对已知或应知的债权人应履行通知义务，不能在未先行通知的情况下直接以登报公告形式代替通知义务。2. 公司减资时未依法履行通知已知或应知的债权人的义务，公司股东不能证明其在减资过程中对怠于通知的行为无过错的，当公司减资后不能偿付减资前的债务时，公司股东应就该债务对债权人承担补充赔偿责任①。
股权转让区别于增资入股	1. 股权转让属于股权的继受取得，增资入股则属于原始取得。2. 当事人之间协议将取得股权的方式由股权转让变更为增资入股后，原股权转让合同即被其后签订的增资入股合同所更替而终止。根据定金合同的从属特征，即，定金罚则的适用以定金担保存在为前提，如果定金担保并未设立，作为原股权转让合同从合同的定金合同亦应当相应消灭。因此，当事人之间协议将取得股权的方式由股权转让变更为增资入股后，原来股权转让协议中的定金罚则也就不存在，不予适用。
侵犯优先认缴权的股权转让	1. 侵犯股东优先认缴权的股东会决议在股东实缴出资比例范围内无效。2. 股东之外第三人与公司签订增资入股协议书不因侵犯原股东优先认缴权而无效。
设定质权的股权因公司增资扩股导致出质人持股比例缩减的，质权人应以缩减后股权份额享有优先受偿的权利	公司增资扩股后，因有新的出资注入公司，虽然原公司股东的持股比例发生变化，但其所对应的公司资产价值并不减少。因此，对于原以公司部分股权设定质权的权利人而言，公司增资扩股后其对相应缩减股权比例享有优先受偿权，与其当初设定质权时对原出资对应的股权比例享有优先受偿权，实质权利并无变化，不存在因增资扩股损害质权人合法权利的可能。质权人应当以增资扩股后原股权对应出资额相应的缩减后股权份额享有优先受偿的权利。

① 公司未对已知债权人进行减资通知时，该情形与股东违法抽逃出资的实质以及对债权人利益受损的影响，在本质上并无不同。因此，尽管我国法律未具体规定公司不履行减资法定程序导致债权人利益受损时股东的责任，但可比照公司法相关原则和规定来加以认定。

十八、董、监、高忠实义务和责任

董、高管的忠实义务	绝对禁止	1. 挪用公司资金； 2. 将公司资金以其个人名义或者以其他个人名义开立账户存储； 3. 接受他人与公司交易的佣金归为己有； 4. 擅自披露公司秘密。 **注意：董事和高管的保密义务和竞业限制义务是法定的，而普通员工的保密和竞业限制义务是约定的。**
	相对禁止	1. "**违规担保、借贷**"：违反公司章程的规定，未经股东会、股东大会或者董事会同意，将公司资金借贷给他人或者以公司财产为他人提供担保； 2. "**自我交易**"：违反公司章程的规定或者未经股东会、股东大会同意，与本公司订立合同或进行交易； 3. "**竞业**"：未经股东会或者股东大会同意，利用职务之便利为自己或他人谋取属于公司的商业机会，自营或者为他人经营与所任职的公司同类的业务。
违反忠实义务的法律后果		**违反忠实义务的后果："归入 + 对外行为有效 + 赔偿损失"。** 1. 董事、高级管理人员违反上述规定所得的收入应当**归公司所有，但不能随便否定行为有效性。** 2. **董事、监事、高级管理人员执行公司职务时违反法律、行政法规或者公司章程的规定，给公司造成损失的，应当承担赔偿责任。** 3. 如果是董事违反法定义务，对其处理机构为股东大会，如果是经理等违反了法定义务，对其处理机构为董事会。

监事不受法定竞业禁止义务的约束，如有需要，应协议约定	监事作为监督者，并不直接参与经营管理活动，通过法定竞业禁止规定予以约束不妥，若有必要，可以通过协议约定竞业禁止的方式维护公司利益。

十九、公司的组织机构

备考提示：对于主观题备考来说，此部分知识的掌握一般不构成直接的问题，即使出现相关问题，也可以通过查阅法条回答出来。但是对知识点掌握的熟练度、准确度和理解仍然会关系到最终的得分。因此，仍需熟悉掌握，尤其注意把握有限公司和股份公司在组织机构规定方面的相同点和区别。

（一）有限公司的组织机构

股东会	
组成	有限责任公司股东会由全体股东组成。
股东会会议召开	股东会会议分为定期会议和临时会议： 1. 定期会议：定期会议应当依照公司章程的规定按时召开。 2. 临时会议的召开条件：代表 1/10 以上表决权的股东，1/3 以上的董事，监事会或者不设监事会的公司的监事提议召开临时会议的，应当召开临时会议。
会议召集和主持程序："三步走"	1. 召集人：董事会——监事会——代表 1/10 以上表决权的股东（10% 大股东）。 2. 主持人（董事会召集时）：董事长——副董事长——半数以上董事推选一名董事。 注意：不设董事会的，股东会会议由执行董事召集和主持。 3. 例外：首次股东会会议由出资最多的股东召集和主持。

股东会的通知	召开股东会会议，应当于会议召开 15 日前通知全体股东；但是，公司章程另有规定或者全体股东另有约定的除外。
表决规则	股东会会议由股东按照出资比例行使表决权；但是，公司章程另有规定的除外。（股份公司按照股份行使股东大会表决权，不能由章程另行约定。例如，不能约定按照人头行使表决权）
表决程序	1. 股东会的议事方式和表决程序，除本法有规定的外，由公司章程规定。 2. 特别决议事项（7 项）：股东会会议作出修改公司章程、增加或减少注册资本，及公司合并、分立、解散或变更公司形式的决议，须经代表 2/3 以上表决权的股东通过。（章程不能规定低于 2/3） 3. 事先股东以书面形式一致表示同意的，可以不召开股东会会议，直接作出决定，并由全体股东在决定文件上签名、盖章。
股东提起请求召开股东会诉讼	公司法对有限责任公司和股份有限责任公司召开股东会或者股东大会的程序作出了规定。公司召开股东会或者股东大会本质上属于公司内部治理问题。股东请求判令公司召开股东会或者股东大会的，人民法院应当告知其按上述法律规定的召集和主持方式自行召开股东会或者股东大会。公司不能召开股东会或者股东大会，股东再次向人民法院起诉的，人民法院应当裁定不予受理；已经受理的，裁定驳回起诉。
董事会（执行董事）	
组成	有限责任公司设董事会，其成员为 3 ~ 13 人。
任期	1. 董事任期由公司章程规定，但每届任期不得超过 3 年，董事任期届满，连选可以连任。 2. 董事任期届满未及时改选，或董事在任期内辞职导致董事会成员低于法定人数的，在改选出的董事就任前，原董事仍应当依照法律、行政法规和公司章程的规定，履行董事职务。

董事长	董事会设董事长一人，可以设副董事长。董事长、副董事长的产生办法由公司章程规定。
召集和主持	董事会会议由董事长召集和主持；董事长不能履行职务或者不履行职务的，由副董事长召集和主持；副董事长不能履行职务或者不履行职务的，由半数以上董事共同推举一名董事召集和主持。（召集人和主持人规定一样，顺序都是：董事长——副董事长——半数以上董事推选一名董事）
表决规则	1. 董事会决议的表决，实行一人一票。（法定，不能另行约定） 2. 董事会的议事方式和表决程序，除公司法有规定的外，由公司章程规定。（有限公司董事会决议通过比例由章程规定）
执行董事	股东人数较少或规模较小的有限责任公司，可设一名执行董事，不设董事会。执行董事可兼任经理。 注意： 1. 有限公司不设董事会的，才有执行董事，有董事会的，叫董事长。 2. 有限公司董事会和监事会都不是必须设立的，可设一名执行董事，1~2 名监事，但股份公司，董事会和监事会是必须设立的。
监事会（监事）	
组成	1. 有限责任公司设监事会，其成员不得少于 3 人。 2. 股东人数较少或者规模较小的有限责任公司，可以设 1~2 名监事，不设监事会。 3. 监事会应包括股东代表和适当比例的公司职工代表，其中职工代表的比例不得低于 1/3，具体比例由公司章程规定。 注意：监事会必须有职工监事，董事会与之相比，无须有职工董事（两个以上的国有企业或者两个以上的其他国有投资主体投资设立的有限责任公司、国有独资企业例外，其董事会成员中应当有公司职工代表）。
任期	监事的任期每届为 3 年。监事任期届满，连选可以连任。
身份限制	董事、高级管理人员不得兼任监事。

行使职权费用	"签单权"——监事会、不设监事会的公司的监事行使职权所必需的费用，由公司承担。

经理
1. 有限责任公司可以设经理。（注意：股份有限公司设经理，是必须的） 2. 由董事会决定聘任或者解聘，对董事会负责。 3. 经理列席董事会会议。

（二）股份有限公司的组织机构

股东大会	
会议分类	**定期会议（年会）：** 1. 股东大会应当每年召开一次年会。 2. 召开股东大会会议，应当将会议召开的时间、地点和审议的事项于会议召开 20 日前通知各股东。 3. 不得对通知中未列明的事项作出决议。 4. 发行无记名股票的，应当于会议召开 30 日前公告会议召开的时间、地点和审议事项。
	临时股东大会： 1. 有下列情形之一的，应当在两个月内召开临时股东大会： （1）董事人数不足公司法规定人数或者公司章程所定人数的 2/3 时； （2）公司未弥补的亏损达实收股本总额 1/3 时； （3）单独或者合计持有公司 10% 以上股份的股东请求时； （4）董事会认为必要时； （5）监事会提议召开时； （6）公司章程规定的其他情形。 2. 临时股东大会应当于会议召开 15 日前通知各股东。
	不得对会议通知中未列明的事项作出决议。

股东会召集和主持	1. 股东大会会议由董事会召集，董事长主持；董事长不能履行职务或者不履行职务的，由副董事长主持；副董事长不能履行职务或不履行职务的，由半数以上董事共同推举一名董事主持。 2. 董事会不能履行或者不履行召集股东大会会议职责的，监事会应当及时召集和主持；监事会不召集和主持的，连续90日以上单独或者合计持有公司10%以上股份的股东可以自行召集和主持。（与有限公司规定有区别）
一般的表决规则	股东出席股东大会会议，所持每一股份有一表决权。但是，公司持有的本公司股份没有表决权。
特别决议事项	同有限公司。
临时提案	1. 单独或者合计持有公司3%以上的股份。 2. 临时提案必须在股东大会召开10日前提出并书面提交董事会。董事会应当在收到提案后2日内通知其他股东，并将该临时提案提交股东大会审议。 3. 临时提案的内容应属于股东大会职权范围，并有明确议题和具体决议事项。
董事会	
组成与任期	股份有限公司设董事会，其成员为5～19人。任期同有限公司。
董事长	董事长和副董事长由董事会以全体董事的过半数选举产生。
召集规则	1. 董事长——副董事长——半数以上董事推选一名董事。 2. 董事会每年度至少召开两次会议，每次会议应当于会议召开10日前通知全体董事和监事。 3. 董事会临时会议：代表1/10以上表决权的股东、1/3以上董事或者监事会，可以提议召开董事会临时会议。董事长应当自接到提议后10日内，召集和主持董事会会议。 4. 董事会召开临时会议，可以另定召集董事会的通知方式和通知时限。

议事规则	董事会会议应有过半数的董事出席方可举行。董事会作出决议，必须经全体董事的过半数通过。董事会决议的表决，实行一人一票。(注意：要求出席和表决都是"全体人头过半数")
议事程序	董事会会议，应由董事本人出席；董事因故不能出席，可以书面委托其他董事代为出席，委托书中应载明授权范围。
议事责任	董事应当对董事会的决议承担责任。董事会的决议违反法律、行政法规或者公司章程、股东大会决议，致使公司遭受严重损失的，参与决议的董事对公司负赔偿责任。但经证明在表决时曾表明异议并记载于会议记录的，该董事可以免除责任。
监事会（和有限公司规定一样）	

（三）股东会、董事会、监事会和经理具体职权对比

	股东会职权（权力机构）	董事会职权（对股东会负责，执行股东会决议）	经理（对董事会负责，实施董事会决议）	监事会（列席董事会会议＋向股东会会议提出提案）
经营	决定公司经营方针	决定公司经营计划	1. 主持公司生产经营管理 2. 组织实施董事会决议	1. 检查公司财务 2. 当董、高行为损害公司的利益时，予以纠正 3. 公司经营情况异常，进行调查；必要时，可聘请会计师事务所协助，费用由公司承担 4. 提议召开临时股东会会议 5. 在董事会不履行本法规定的召集和主持股东会会议职责时召集和主持股东会会议

投资	决定公司的投资计划	决定公司的投资方案	组织实施公司年度经营计划和投资方案	—
决策分工	审议批准、作出决议（重大决策）	制订方案（重大决策，例如分红、增减资本、合并、分立、解散）	经理列席董事会会议： 1. 拟订公司内部管理机构设置方案 2. 拟订公司基本管理制度 3. 制定公司的具体规章	—
人事任免	1. 选举和更换非由职工代表担任的董事、监事 2. 决定董事、监事报酬事项	1. 决定聘任或者解聘公司经理及其报酬事项 2. 根据经理的提名决定聘任或者解聘公司副经理、财务负责人及其报酬事项（高管）	1. 提请聘任或者解聘公司副经理、财务负责人（注意：对这些事项经理只有提名权） 2. 决定聘任或者解聘除应由董事会决定聘任或者解聘以外的负责管理人员（中层）	对董事、高级管理人员执行公司职务的行为进行监督，并可提出罢免的建议

总结：有限公司和股份公司的区别

	有限责任公司	股份有限公司
股东人数	股东人数≤50 人	1. 股东人数≥2 人， 2. 2 人≤发起人股东≤200 人，其中须有半数以上的发起人在中国境内有住所。
设立方式	发起设立	发起设立＋募集设立
股东责任	股东以其认缴的出资额为限对公司承担责任	股东以其认购的股份为限对公司承担责任
股东知情权	1. 有权查阅、复制：公司章程、股东会会议记录、董事会会议决议、监事会会议决议和财务会计报告。 2. 有条件的查阅（不可复制）：会计账簿。	1. 股东有权查阅（不可复制）：公司章程、股东名册、公司债券存根、股东大会会议记录、董事会会议决议、监事会会议决议、财务会计报告。 2. 无权查阅，更无权复制：会计账簿。
股权转让	1. 对内转让：自由 股东之间可以相互转让全部或部分股权，无须经过同意、通知。 2. 对外转让：其他股东人头过半 "30、不买"视为同意转让：其他股东自接到书面通知之日起满 30 日未答复的、不同意转让的股东又不购买的，视为同意转让。 3. 公司章程可以对股权转让另作规定，但过度限制无效。 4. 股权对外转让时：其他股东有优先购买权。	1. 不分对内、对外，以自由转让为原则。 2. 以法定限制转让为例外：（三个一半 25%） 发起人成立之日起一年内，上市后一年，董、监、高上市后一年不得转让，董、监、高每年转不超 25%，离职后半年不得转。 3. 章程只能对公司董、监、高转让其持有的本公司股份作出其他限制性规定。除此之外，不能对股权转让进行其他限制性规定。 4. 股权转让时：其他股东没有优先购买权。

股权（份）回购	"三种情形之一＋股东会异议" 1. "连续双五"：公司连续5年不向股东分配利润，而公司该5年连续盈利，并且符合本法规定的分配利润条件的； 2. "分、合、转"：公司合并、分立、转让主要财产的； 3. "届满"：公司章程规定的营业期限届满或者章程规定的其他解散事由出现，股东会会议通过决议修改章程使公司存续的。	1. 减少公司注册资本； 2. 与持有本公司股份的其他公司合并； 3. 将股份用于员工持股计划或者股权激励； 4. 股东因对股东大会作出的公司合并、分立决议持异议，要求公司收购其股份； 5. 将股份用于转换上市公司发行的可转换为股票的公司债券； 6. 上市公司为维护公司价值及股东权益所必需。

会议类型		有限责任公司	股份有限公司
股东（大）会	相同点	1. 性质相同：公司的权力机构。 2. 职权相同。 3. 会议的召集人基本相同： （1）第一顺位：董事会召集，有限公司不设董事会的，由执行董事召集和主持。 （2）第二顺位：监事会或者不设监事会的公司的监事召集和主持。 （3）第三顺位： ①有限公司：代表1/10以上表决权的股东可以自行召集和主持； ②股份公司：连续90日以上单独或者合计持有公司10%以上股份的股东可以自行召集和主持。（此处应为不同点，但为照顾体系完整性，故一起讨论） 4. 主持人：董事长→副董事长→半数以上董事推选一名董事。		

		1. 一人公司不设股东会	1. 股东大会必设
股东（大）会	不同点	2. 定期会议：依照公司章程的规定按时召开。	2. 股东大会应当每年召开1次年会。
		3. 谁可以提议召开临时股东会议：（1）代表1/10以上表决权的股东；（2）1/3以上的董事；（3）监事会或者不设监事会的公司的监事。提议召开临时会议的，应当召开临时会议。	3. 有下列情形之一的，应当在2个月内召开临时股东大会：（1）董事人数不足公司法规定人数或者公司章程规定人数的2/3时；（2）公司未弥补的亏损达实收股本总额1/3时；（3）单独或者合计持有公司1/10以上股份的股东请求时；（4）董事会认为必要时；（5）监事会提议召开时；（6）公司章程规定的其他情形。
		4. 首次股东会会议：由出资最多的股东召集和主持。	4. 未规定。
		5. 可不开股东会作出决议：对股东会职权事项股东以书面形式一致表示同意的，可以不召开股东会会议，直接作出决定，并由全体股东在决定文件上签名、盖章。	5. 无此规定，章程可规定。
		6. 临时提案：未规定。	6. 单独或者合计持有公司3%以上股份的股东，可以在股东大会召开10日前提出临时提案并书面提交董事会。

股东（大）会	不同点	7. 一般事项表决规则：由公司章程规定。	7. 股东大会作出决议，必须经出席会议的股东所持表决权过半数通过。
		8. 特殊事项表决规则：必须经代表 2/3 以上表决权的股东通过。	8. 必须经出席会议的股东所持表决权的 2/3 以上通过。
		9. 表决权确定：由股东按照出资比例行使表决权；但公司章程另有规定的除外。	9.（1）股东出席股东大会会议，所持每一股份有一表决权，公司章程不可另有规定；（2）公司持有的本公司股份没有表决权。
		10. 会议的通知期限：会议召开 15 日前通知全体股东；但公司章程另有规定或者全体股东另有约定的除外。	10.（1）一般：会议召开 20 日前通知各股东；（2）临时：会议召开 15 日前通知各股东；（3）发行无记名股票的：会议召开 30 日前通知各股东。
董事会	相同点	1. 职权相同。 2. 董事任期相同：由公司章程规定，但每届任期不得超过 3 年。任期届满，可连选连任。 3. 董事任期届满未及时改选，或者董事在任期内辞职导致董事会成员低于法定人数时：在改选出的董事就任前，原董事仍应当依照法律、行政法规和公司章程的规定，履行董事职务。 4. 董事会会议的召集和主持：董事长→副董事长→半数以上董事共同推选一名董事。 5. 决议表决规则：一人一票。（不能章程另行规定） 6. 董事会不必须有职工董事。例外：两个以上的国有企业或者两个以上的其他国有投资主体投资设立的有限责任公司和国有独资公司其董事会成员中应当有公司职工代表。	

	相同点	7. 董事应当对董事会的决议承担责任。但经证明在表决时曾表明异议并记载于会议记录的，该董事可以免除责任。	
董事会	不同点	1. 不是必设董事会：股东人数较少或者规模较小的有限责任公司，可以设一名执行董事，不设董事会。	1. 必设董事会。
		2. 成员人数不同：3~13人。	2. 5~19人。
		3. 董事长、副董事长的产生办法不同：由公司章程规定。	3. 由董事会以全体董事的过半数选举产生。
		4. 董事会定期会议：未规定。	4. 每年度至少召开2次会议。
		5. 作出决议比例：由公司章程规定。	5. "全体人头过半"：董事会作出决议，必须经全体董事的过半数通过。
		6. 董事会临时会议：未规定。	6. 代表1/10以上表决权的股东、1/3以上董事或监事会可以提议召开董事会临时会议。
监事会	相同点	1. 性质：同为监督机构。 2. 监事会的组成： （1）人数：监事会成员不得少于3人。 （2）组成：应当包括股东代表和适当比例的公司职工代表，其中职工代表的比例不得低于1/3，具体比例由公司章程规定。监事会中的职工代表由公司职工通过职工代表大会、职工大会或者其他形式民主选举产生。 （3）董事、高级管理人员不得兼任监事。	

监事会	相同点	3. **监事任期**：每届为 3 年。监事任期届满，连选可以连任。 4. **监事会的职权**相同。 5. **监事会会议的决议方式相同**：监事会决议应当经半数以上监事通过。 6. 监事会主席和副主席由全体监事过半数选举产生。	
	不同点	1. **不设监事会情形**： 股东人数较少或规模较小的有限责任公司，可以设 1 至 2 名监事，不设监事会。	1. 必设监事会。
		2. **定期会议**召开时间不同： 每年度至少召开 1 次监事会议。	2. 每 6 个月至少召开 1 次监事会议。

破产法

一、受案范围和破产原因

受案范围	企业法人具有破产原因可以适用本法。
破产原因（两种，都采取"内＋外"相结合）	1. 不能清偿到期债务，并且资不抵债。
	2. 不能清偿到期债务，并且明显缺乏清偿能力。 存在下列情形之一的，人民法院应当认定其明显缺乏清偿能力： （1）因资金严重不足或者财产不能变现等原因，无法清偿债务；（例如：土地使用权；厂房） （2）法定代表人下落不明且无其他人员负责管理财产，无法清偿债务；（例如：弃企跑路） （3）经人民法院强制执行，无法清偿债务；（意味着债务人的任何一个债权人经法院强制执行未获清偿，其他每一个债权人都可以提出破产申请） （4）"长期亏＋扭亏无望"：长期亏损且经营扭亏困难，无法清偿债务； （5）导致债务人丧失清偿能力的其他情形。

二、破产申请与受理

（一）申请：破产申请是破产申请人请求法院受理破产案件的意思表示

申请人	适用情形	可申请程序
债务人	债务人具有破产法规定的破产原因	重整、和解或破产清算申请

债权人	1. 债务人不能清偿到期债务。 2. 企业法人已解散但未清算或未在合理期限内清算完毕，债权人申请债务人破产清算的，除债务人在法定异议期限内举证证明其未出现破产原因外，人民法院应当受理。	重整、破产清算申请
清算人	企业法人已解散但未清算或者未清算完毕，资产不足以清偿债务的，依法负有清算责任的人应向法院申请。	破产清算申请

（二）受理的后果（即立案）

原则	"指定管理人＋破产程序优先"（以实现个别债务为目的的都要解除和终止）
指定管理人	人民法院裁定受理破产申请的，应当同时指定管理人。
个别清偿无效	人民法院受理破产申请后，债务人对个别债权人的债务清偿无效。
待履行合同的处理	1. 人民法院受理破产申请后，管理人对破产申请受理前成立而债务人和对方当事人均未履行完毕的合同有权决定解除或继续履行，并通知对方当事人。管理人自破产申请受理之日起2个月内未通知对方当事人，或者自收到对方当事人催告之日起30日内未答复的，视为解除合同。 2. 管理人决定继续履行合同的，对方当事人应当履行；但是，对方当事人有权要求管理人提供担保。管理人不提供担保的，视为解除合同。 注意： 1. 此处合同，仅指破产申请受理前成立而债务人和对方当事人均未履行完毕的合同。 2. 管理人有选择权：管理人有权决定解除或继续履行该合同。 3. 合同相对方享有催告权和担保要求权。

保全措施解除，执行程序中止	法院受理破产申请后，有关债务人财产的保全措施应解除，执行程序应中止。
民事诉讼程序或仲裁程序应当中止	1. 法院受理破产申请后，已经开始而尚未终结的有关债务人的民事诉讼或仲裁应当中止；在管理人接管债务人的财产后，该诉讼或仲裁继续进行。 2. 人民法院受理破产申请后，有关债务人的民事诉讼，只能向受理破产申请的人民法院提起。 3. 受理破产申请的人民法院管辖的有关债务人的第一审民事案件，可以依据《民事诉讼法》第38条的规定，由上级人民法院提审，或者报请上级人民法院批准后交下级人民法院审理。 4. 受理破产申请的人民法院，如对有关债务人的海事纠纷、专利纠纷、证券市场因虚假陈述引发的民事赔偿纠纷等案件不能行使管辖权的，可以依据《民事诉讼法》第37条的规定，由上级人民法院指定管辖。 5. 破产申请受理前，债权人就债务人财产向人民法院提起《破产法解释（二）》第21条第1款所列诉讼，人民法院已经作出生效民事判决书或者调解书但尚未执行完毕的，破产申请受理后，相关执行行为应当依据《企业破产法》第19条的规定中止，债权人应当依法向管理人申报相关债权。

三、管理人

产生	管理人由法院指定。
更换	债权人会议认为管理人不能依法、公正执行职务或有其他不能胜任职务情形的，可申请法院更换。
辞任	管理人没有正当理由不得辞去职务。管理人辞去职务应当经法院许可。
职责	1. 向法院报告工作，接受债权人会议和债权人委员会的监督。 2. 管理人应当列席债权人会议，向债权人会议报告职务执行情况，并回答询问。

四、债务人财产

含义	破产申请受理时属于债务人的全部财产，以及破产申请受理后至破产程序终结前债务人取得的财产。 注意：债务人财产包括设定了担保权的财产。

分类	1. 破产申请受理时属于债务人的财产。	(1) 有形的和无形的。
		(2) 未设定担保的和已设定担保的。
		(3) 按份共有的和共同共有的。
	2. 破产申请受理后至破产程序终结前债务人取得的财产。	(1) 破产程序受理后债务人财产的增值，包括孳息、不动产增值、退税款、租金等收入。
		(2) 管理人追回的财产。

（一）破产申请受理时属于债务人的财产

有形的和无形的	除债务人所有的货币、实物外，债务人依法享有的可以用货币估价并可以依法转让的债权、股权、知识产权、用益物权等财产和财产权益，人民法院均应认定为债务人财产。
未设定担保的和已设定担保的	债务人已依法设定担保物权的特定财产，人民法院应当认定为债务人财产。 债务人的特定财产在担保物权消灭或实现担保物权后的剩余部分，在破产程序中可用以清偿破产费用、共益债务和其他破产债权。
按份共有的和共同共有的	债务人对按份享有所有权的共有财产的相关份额，或共同享有所有权的共有财产的相应财产权利，以及依法分割共有财产所得部分，人民法院均应认定为债务人财产。

不应认定为债务人财产	1. 债务人基于仓储、保管、承揽、代销、借用、寄存、租赁等合同或其他法律关系占有、使用的他人财产。 2. 债务人在所有权保留买卖中尚未取得所有权的财产。 3. 所有权专属于国家且不得转让的财产。 4. 其他依照法律、行政法规不属于债务人的财产。

（二）管理人追回的财产

欺诈破产行为	**1. 可撤销的欺诈破产行为。** 人民法院受理破产申请前1年内，涉及债务人财产的下列行为，管理人有权请求人民法院予以撤销： （1）"无偿"：无偿转让财产的； （2）"不合理"：以明显不合理的价格进行交易的； （3）"放弃"：放弃债权的； （4）"提前清"：对未到期的债务提前清偿的； （5）"增设担保"：对没有财产担保的债务提供财产担保的。 例外：破产申请受理前1年内债务人提前清偿的未到期债务，在破产申请受理前已到期，管理人请求撤销该清偿行为的，人民法院不予支持。但是，该清偿行为发生在破产申请受理前6个月内且债务人有破产原因的除外。 A B C D E F 2015.1 2015.3 2015.6 2015.8 2015.11（到期）2016.1（立案） ①如果2015.3对2015.11到期的债权进行提前清偿，有效，不能撤销并入债务人财产。 ②如果2015.8当企业出现破产原因时，仍然对2015.11到期的债权进行提前清偿，可以撤销，并入债务人财产。 **2. 无效的欺诈破产行为。** （1）为逃避债务而隐匿、转移财产的； （2）虚构债务或者承认不真实的债务的。

个别清偿行为	人民法院受理破产申请前 6 个月内，债务人有破产原因规定的情形，仍对个别债权人进行清偿的，管理人有权请求人民法院予以撤销。但是，个别清偿使债务人财产受益的除外。主要包括： 1. "有财产担保的债权"：债务人对以自有财产设定担保物权的债权进行的个别清偿，不可撤销。但是，债务清偿时担保财产的价值低于债权额的除外。 2. "法定程序"：债务人经诉讼、仲裁、执行程序对债权人进行的个别清偿，不可撤销。但是，债务人与债权人恶意串通损害其他债权人利益的除外。 3. "水、电"：债务人为维系基本生产需要而支付水费、电费等的。 4. "劳、损"：债务人支付劳动报酬、人身损害赔偿金的。 5. 使债务人财产受益的其他个别清偿。
对出资的追回	1. 人民法院受理破产申请后，债务人的出资人尚未完全履行出资义务的，应负补缴义务。 2. 出资人不得以认缴出资尚未届至公司章程规定的缴纳期限或违反出资义务已超过诉讼时效为由抗辩。
对企业管理层的特别追回权	债务人的董事、监事和高级管理人员利用职权从企业获取的非正常收入和侵占的企业财产。（例如：绩效奖金；普遍拖欠职工工资情况下获取的工资性收入）
管理人责任	管理人因过错未依法行使撤销权，导致债务人财产不当减损，债权人提起诉讼主张管理人对其损失承担相应赔偿责任的，人民法院应予支持。

五、取回权

含义	取回权是指管理人占有不属于破产财产的他人财产，该财产的权利人可以不经破产清算程序，而经管理人同意将其直接取回的权利，是所有人针对特定物的返还请求权。

一般取回权	法院受理破产申请后,债务人占有的不属于债务人的财产,该财产的权利人可以通过管理人取回。
特殊取回权(又称出卖人取回权)	1. **针对"在途货物",注意有例外。**法院受理破产申请时,出卖人已将买卖标的物向作为买受人的债务人发运,债务人尚未收到且未付清全部价款的,出卖人可取回在运途中的标的物。但管理人可以支付全部价款,请求出卖人交付标的物。 2. **未及时行使,货到达后,不得取回。**在买卖标的物到达管理人后向管理人行使在途中标的物取回权的,管理人不应准许。 3. **货到达前,已主张权利,即使没有实现,货到达管理人后,也可以主张取回。**通过通知承运人或者实际占有人中止运输、返还货物、变更到达地,或者将货物交给其他收货人等方式,对在运途中标的物主张了取回权但未能实现,或者在货物未达管理人前已向管理人主张取回在途中标的物,在买卖标的物到达管理人后,出卖人向管理人主张取回的,管理人应予准许。
取回权人无法取回标的物的处理	1. **鲜活易腐**财产,及时变价并提存变价款,就该**变价款行使取回权**即可。 2. **取回权人未支付相关费用,管理人可拒绝其取回。** 权利人行使取回权时未依法向管理人支付相关的加工费、保管费、托运费、委托费、代销费等费用,管理人有权拒绝其取回相关财产。 3. **不得以生效法律文书错误为由拒绝其行使取回权。** 权利人依据人民法院或者仲裁机关的相关生效法律文书向管理人主张取回所涉争议财产,管理人以生效法律文书错误为由拒绝其行使取回权的,人民法院不予支持。 4. **债务人占有的他人财产被违法转让给第三人的处理。** (1) 第三人善意取得,原权利人无法取回的: ①转让行为发生在破产申请受理前的,原权利人因财产损失形成的债权,作为普通破产债权清偿; ②转让行为发生在破产申请受理后的,因管理人或者相关人员执行职务导致原权利人损害产生的债务,作为共益债务清偿。

取回权人无法取回标的物的处理	（2）第三人已经支付价款但未能善意取得所有权的，原权利人有权取回。第三人已经支付对价而产生的债务，按照以下规定处理： ①转让行为发生在破产申请受理前的，作为普通破产债权清偿； ②转让行为发生在破产申请受理后的，作为共益债务清偿。 注意：原则 $\begin{cases} 之前：按普通破产债权 \\ 之后：按共益债务 \end{cases}$ 5. 债务人占有的他人财产毁损、灭失的处理。 （1）"未交付或虽交付，能区分，权利人可以取回"：获得的保险金、赔偿金、代偿物尚未交付给债务人，或代偿物虽已交付给债务人但能与债务人财产予以区分的，权利人有权主张取回就此获得的保险金、赔偿金、代偿物。 （2）"已交付，不能区分，权利人不可以取回"，适用"之前，普破；之后，共益债"：保险金、赔偿金已经交付给债务人，或者代偿物已经交付给债务人且不能与债务人财产予以区分的，按照以下规定处理： ①财产毁损、灭失发生在破产申请受理前的，权利人因财产损失形成的债权，作为普通破产债权清偿； ②财产毁损、灭失发生在破产申请受理后的，因管理人或者相关人员执行职务导致权利人损害产生的债务，作为共益债务清偿。
所有权保留买卖合同是否可以行使取回权	原则：买卖合同双方当事人在合同中约定标的物所有权保留，在标的物所有权未依法转移给买受人前，一方当事人破产的，该买卖合同属于双方均未履行完毕的合同，管理人有权决定解除或者继续履行合同。 出卖人破产： 1. 管理人决定继续履行所有权保留买卖合同的，买受人应当按照原买卖合同的约定支付价款或者履行其他义务。 买受人未依约支付价款或者履行完毕其他义务，或者将标的物出卖、出质或者作出其他不当处分，给出卖人造成损害，出卖人管理人依法主张取回标的物的，人民法院应予支持。但是，

所有权保留买卖合同是否可以行使取回权	买受人已经支付标的物总价款 75% 以上或者第三人善意取得标的物所有权或者其他物权的除外。 未能取回标的物，出卖人管理人依法主张买受人继续支付价款、履行完毕其他义务，以及承担相应赔偿责任的，人民法院应予支持。 2. 管理人决定解除所有权保留买卖合同，要求买受人向其交付买卖标的物的，人民法院应予支持。 买受人以其不存在未依约支付价款或者履行完毕其他义务，或者将标的物出卖、出质或者作出其他不当处分情形抗辩的，人民法院不予支持。 买受人依法履行合同义务并将买卖标的物交付出卖人管理人后，买受人已支付价款损失形成的债权作为共益债务清偿。但是，买受人违反合同约定，出卖人管理人主张上述债权作为普通破产债权清偿的，人民法院应予支持。
	买受人破产： 1. 其管理人决定继续履行所有权保留买卖合同的，原买卖合同中约定的买受人支付价款或者履行其他义务的期限在破产申请受理时视为到期，买受人管理人应当及时向出卖人支付价款或者履行其他义务。 买受人管理人无正当理由未及时支付价款或者履行完毕其他义务，或者将标的物出卖、出质或者作出其他不当处分，给出卖人造成损害，出卖人主张取回标的物的，人民法院应予支持。但是，买受人已支付标的物总价款 75% 以上或者第三人善意取得标的物所有权或者其他物权的除外。 未能取回标的物，出卖人依法主张买受人继续支付价款、履行完毕其他义务，以及承担相应赔偿责任的，人民法院应予支持。对因买受人未支付价款或者未履行完毕其他义务，以及买受人管理人将标的物出卖、出质或者作出其他不当处分导致出卖人损害产生的债务，出卖人主张作为共益债务清偿的，人民法院应予支持。 2. 管理人决定解除所有权保留买卖合同，出卖人主张取回买卖标的物的，人民法院应予支持。

所有权保留买卖合同是否可以行使取回权	出卖人取回买卖标的物，买受人管理人主张出卖人返还已支付价款的，人民法院应予支持。取回的标的物价值明显减少，给出卖人造成损失的，出卖人可从买受人已支付价款中优先予以抵扣后，将剩余部分返还给买受人；对买受人已支付价款不足以弥补出卖人标的物价值减损损失形成的债权，出卖人主张作为共益债务清偿的，人民法院应予支持。

六、破产抵销权

含义	在破产案件受理前，破产债权人对破产人同时负有债务的，不论其债权同所负债务的种类是否相同，也不论其债权是否已经到期，破产债权人有权不依破产程序而以自己所享有的破产债权与其所负债务进行抵销。
特征	1. 抵销的债务和债权都应在破产案件受理前取得。 2. 抵销权行使的前提是"互有债权和债务"。 3. 不同种类的，附条件、附期限的债权都可以抵销。 4. 未到期的债权可以抵销，扣除利息即可。 5. 债权人向管理人提出抵销，而不能由债务人提出抵销。 6. 行使抵销权后，未抵销的债权列入破产债权，参加破产分配。
不得抵销的情形	1. 债务人的债务人在破产申请受理后取得他人对债务人的债权的。 2. 债权人恶意负有债务：债权人已知债务人有不能清偿到期债务或者破产申请的事实，对债务人负担债务的；但是，债权人因为法律规定或者有破产申请1年前所发生的原因而负担债务的除外。 3. 债务人恶意取得债权：债务人的债务人已知债务人有不能清偿到期债务或者破产申请的事实，对债务人取得债权的；但是，债务人的债务人因为法律规定或者有破产申请1年前所发生的原因而取得债权的除外。

不得抵销 的情形	4. 破产申请受理前6个月内，存在破产原因，债务人与个别债权人以抵销方式对个别债权人清偿，存在以上第2、3项规定的情形之一，管理人在破产申请受理之日起3个月内向人民法院提起诉讼，主张该抵销无效的，人民法院应予支持。 5. 债务人的股东不得主张以下债务与债务人对其负有的债务抵销： （1）"欠、抽出资不得抵销"：债务人股东因欠缴债务人的出资或者抽逃出资对债务人所负的债务； （2）债务人股东滥用股东权利或者关联关系损害公司利益对债务人所负的债务。
不能抵销 的例外	有不得抵销情形的债权人，可以主张以其对债务人特定财产享有优先受偿权的债权，与债务人对其不享有优先受偿权的债权抵销。债务人管理人以抵销存在《破产法》第40条规定的情形提出异议的，人民法院不予支持。但是，用以抵销的债权大于债权人享有优先受偿权财产价值的除外。

例如：

1. 债务人的债务人在破产申请受理后取得他人对债务人的债权的，不得抵销。

在A公司的破产案件中，A公司对B公司享有40万债权，C公司对A公司享有40万债权。破产申请受理后，B公司以10万元的低价收购了C公司对A公司的债权。随后，B公司以该项收购所得的债权向A公司主张抵销。B公司的行为实际上是要以较小的支出消灭其应当全额清偿的债务，其结果是债务人财产的收入减少，多数债权人的清偿利益受到损害。因此，B公司的抵销主张不得成立。

2. 债权人恶意对债务人负担债务的，不得抵销。

A公司对B公司负有一笔尚未到期的债务。在清偿期到来之前，B公司发现A公司已经缺乏偿债能力，遂向A公司赊购货物一批。2个月后，A公司进入破产程序。B公司主张以其对A公司的债权抵销其欠A公司的货款。B公司的行为，实际上是提前获得债务人以货抵款的全额清偿，本质上属于欺诈破产行为。因此，B公司的抵销主张不得成立。

3. 债务人的债务人恶意取得对债务人的债权的，不得抵销。

A 公司对 B 公司享有一笔尚未到期的债权。在清偿期到来之前，B 公司得知 A 公司准备申请破产，遂向 A 公司赊销一批积压的库存产品。1 个月后，A 公司进入破产程序。B 公司主张以其对 A 公司的货款请求权抵销其欠 A 公司的债务。B 公司的行为，实际上是提前以滞销产品抵偿其未到期的金钱债务，有损债务人财产和债权人的利益。因此，B 公司的抵销主张不得成立。

七、破产费用和共益债务

破产费用： 必要的程序性开支	是指人民法院受理破产申请后，为破产程序的进行以及为全体债权人的共同利益而从债务人财产中优先支付的费用。（是每一件破产案件均会产生的）包括： 1. "诉讼"：破产案件的诉讼费用。 2. "处分"：管理、变价和分配债务人财产的费用。 3. "管理人"：管理人执行职务的费用、报酬和聘用工作人员的费用。
共益债务： 使债务人财产实现"保值增值"的开支	是指人民法院受理破产申请后，为了全体债权人的共同利益以及破产程序顺利进行而发生的债务。（并非所有破产案件都会产生共益债务）包括： 1. "未履行合同之债"：因管理人或者债务人请求对方当事人履行双方均未履行完毕的合同所产生的债务。 2. "无因管理之债"：债务人财产受无因管理所产生的债务。 3. "不当得利之债"：因债务人不当得利所产生的债务。 4. "劳、保"：为债务人继续营业而应支付的劳动报酬和社会保险费用以及由此产生的其他债务。 5. "职务致害"：管理人或者相关人员执行职务致人损害所产生的债务。 （1）债务人财产随时清偿不足弥补损失，权利人向管理人或者相关人员主张承担补充赔偿责任的，人民法院应予支持。

共益债务：使债务人财产实现"保值增值"的开支	（2）上述债务作为共益债务由债务人财产随时清偿后，债权人以管理人或者相关人员执行职务不当导致债务人财产减少给其造成损失为由提起诉讼，主张管理人或者相关人员承担相应赔偿责任的，人民法院应予支持。 6. "财产致害"：债务人财产致人损害所产生的债务。
清偿方法（外部有先后，内部按比例）	1. 破产费用和共益债务由债务人财产随时清偿。 2. 外部有先后：债务人财产不足以清偿所有破产费用和共益债务的，先行清偿破产费用。 3. 内部按比例：债务人财产不足以清偿所有破产费用或者共益债务的，按照比例清偿。 4. 债务人财产不足以清偿破产费用的，管理人应当提请法院终结破产程序。人民法院应当自收到请求之日起 15 日内裁定终结破产程序，并予以公告。

例如：

1. 债务人财产 200 万元，破产费用 300 万元，共益债务 100 万元，如何清偿？

债务人财产不足以清偿所有破产费用和共益债务，所以债务人 200 万元的财产只能用来先行清偿破产费用 300 万元中的 200 万元，共益债务得不到清偿。假设破产案件的诉讼费用是 50 万元，管理、变价和分配债务人财产的费用是 100 万元，管理人执行职务的费用、报酬和聘用工作人员的费用是 150 万元，那么按照 1∶2∶3 的比例对 200 万元进行分割，从而对三部分进行清偿。

2. 债务人财产 200 万元，破产费用 100 万元，共益债务 100 万元，如何清偿？

债务人财产足以清偿破产费用和共益债务，所以债务人用 200 万元财产分别清偿破产费用 100 万元，共益债务 100 万元。

3. 债务人财产 200 万元，破产费用 200 万元，共益债务 100 万元，如何清偿？

债务人财产不足以清偿所有破产费用和共益债务，破产费用优先于共益债务获得清偿，所以债务人 200 万元的财产只能用来清偿 200 万元的破产费用。共益债务得不到清偿。

4. 债务人财产 200 万元，破产费用 100 万元，共益债务 200 万元，如何清偿？

债务人财产不足以清偿所有破产费用和共益债务，所以债务人 200 万元的财产先行清偿 100 万元的破产费用，其余的 100 万元用来清偿共益债务，共益债务内部的各项目按照比例清偿。

八、破产债权申报

债权申报的期限	1. 申报期限（30 日≤申报期≤3 个月）：人民法院受理破产申请后，应当确定债权人申报债权的期限。债权申报期限自人民法院发布受理破产申请公告之日起计算，最短不得少于 30 日，最长不得超过 3 个月。 2. 在破产财产最后分配前可补充申报，但只能参加尚未分配财产的分配，对已经分配的破产财产，不可追回分配。
可申报债权的特点	1. "钱"：须为以财产给付为内容的请求权。（不能是合同履行请求权） 2. "前"：须为法院受理破产申请前成立的对债务人享有的债权，债权的到期时间在所不问。 3. 须为平等民事主体之间的请求权。（罚款等行政处罚不得申报） 4. 须为合法有效的债权。（诉讼时效届满、无效的债权不得申报）

可申报的范围	1. 未到期 债权，在破产申请受理时视为到期。 注意：附利息的债权自破产申请受理时起停止计息。 2. 附条件、附期限的债权和诉讼、仲裁未决的 债权，债权人可以申报。 3. 连带债权人申报。连带债权人可以由其中 1 人代表全体连带债权人申报债权，也可以共同 申报债权。 4. 连带债务人申报：（例外："保证人未清偿 + 债权人申报全部"） （1）可以现实偿还权申报债权：债务人的保证人或者其他连带债务人已经代替债务人清偿债务的，以其对债务人的求偿权申报债权。 （2）可以将来偿还权申报债权：债务人的保证人或者其他连带债务人尚未代替债务人清偿债务的，除非债权人已经向管理人申报全部债权，可以其对债务人的将来求偿权申报债权。 例如： A 公司与 B 公司签订 100 万元的工程承揽合同，C 公司作为保证人（或是连带债务人），后 A 公司申请破产被受理。那么如下： （1）如果 C 公司作为保证人按照约定向 B 公司支付了工程款，C 公司就可以代为清偿为由，向破产管理人进行债权申报 100 万元。 （2）如果 B 公司未向 C 公司主张支付款项，也未进行债权申报，C 公司可以将来的求偿权向破产管理人申报债权 100 万元。 （3）如果 A 公司欠 B 公司 100 万元工程款，C 公司作为保证以自己缺钱为理由，只支付了 80 万元给 B 公司，A 公司破产后，B 公司未申报债权，而是对 C 公司提起了追债诉讼，那么此时，C 公司仍有权向管理人申报 100 万元债权。 （4）如果 C 公司作为保证人未向 B 公司支付工程款，B 公司向 A 公司申报债权 80 万元，那么对于剩下的 20 万元，C 公司仍然可以继续申报债权。

可申报的范围	5. 解除双务合同之债。管理人或者债务人依照《破产法》规定解除合同的，对方当事人以因合同解除所产生的损害赔偿请求权申报债权。 6. 委托合同之债。债务人是委托合同的委托人，被裁定适用破产程序的，受托人不知该事实，继续处理委托事务的，受托人以由此产生的请求权申报债权。 7. 票据关系之债。债务人是票据的出票人，被裁定适用破产程序的，该票据的付款人继续付款或承兑的，付款人以由此产生的请求权申报债权。
不可申报的范围	1. 破产费用和共益债务。 2. 职工债权。债务人所欠职工的工资和医疗、伤残补助、抚恤费用，所欠的应当划入职工个人账户的基本养老保险、基本医疗保险费用，以及法律、行政法规规定应当支付给职工的补偿金，不必申报，由管理人调查后列出清单并予以公示。 3. 罚金、罚款等行政处罚。 4. 债权人参加债权人会议的费用，如差旅费不能申报。 5. 诉讼时效届满、无效的债权。

九、债权人会议和债权人委员会

债权人会议（全体债权人集体行使表决权的决议机构，非常设）	会议成员	依法申报债权的债权人为债权人会议的成员，有权参加债权人会议，享有表决权。
	会议决议（"头过半＋钱1/2"）	债权人会议的决议，由出席会议的有表决权的债权人过半数通过，并且其所代表的债权额占无财产担保债权总额的1/2以上。 注意：通过重整计划草案和通过和解协议，是大事，需代表的债权额占2/3以上，不是1/2。

债权人委员会（破产程序中破产监督人）	1. 债权人会议不是一个常设机构，不能经常性地召集和作出决定。为了保证债权人充分地行使权利，特别是行使对债务人财产的管理、处分和破产财产变价、分配过程的监督权，有必要将债权人的集体决定权授予他们的代表机构。 2. 债权人会议可以决定设立债权人委员会。 3. 债权人委员会成员应当经人民法院书面决定认可。 债权人委员会由债权人会议选任的债权人代表和一名债务人的职工代表或者工会代表组成。债权人委员会成员不得超过9人。 4. 委员会人数 = 债权人 + 职工（工会代表）≤9 人。

十、重整程序

重整原因	原因1：不能清偿到期债务，并且资不抵债。 原因2：不能清偿到期债务，并且明显缺乏清偿能力。 原因3：明显丧失清偿能力可能性。 注意：重整原因的范围比一般破产原因的范围大。	
重整程序发动（立案前、后都可以重整）	初始重整申请	破产案件受理前，可以由债务人或债权人直接向人民法院申请对债务人进行重整。
	后续重整申请	1. 前提：必须是债权人申请对债务人进行破产清算的。 2. 时间：在人民法院受理破产申请后、宣告债务人破产前。 3. 申请人：（1）债务人；（2）出资额占债务人注册资本1/10以上的出资人。
	注意：法院不得依职权开始重整。	
重整期间营业保护特别规定	1. 重整程序开始对于破产程序与和解程序的优先效力：进入重整程序的即不能再进行破产宣告；重整程序开始后，不得再启动和解程序。	

重整期间 营业保护 特别规定	2. 债务人可以在管理人的监督下自行管理财产和营业事务。管理人向债务人移交财产和营业事务：已接管债务人财产和营业事务的管理人应当向债务人移交财产和营业事务，管理人的职权由债务人行使。 3. 对担保物权的限制（例外：担保物减损）：在重整期间，对债务人的特定财产享有的担保权暂停行使。但是，担保物有损坏或价值明显减少的可能，足以危害担保权人权利的，担保权人可以向人民法院请求恢复行使担保权。 4. 对取回权的限制（例外：符合约定条件）：债务人合法占有的他人财产，该财产的权利人在重整期间要求取回的，应当符合事先约定的条件。 5. 可借款：在重整期间，债务人或者管理人为继续营业而借款的，可以为该借款设定担保。无论重整是否成功均有效。 6. 分红禁止：在重整期间，债务人的出资人不得请求投资收益分配。 7. 转股禁止：在重整期间，债务人的董事、监事、高级管理人员不得向第三人转让其持有的债务人的股权。但是，经人民法院同意的除外。
重整计划 的通过 （分组表决）	1. 人民法院应当自收到重整计划草案之日起30日内召开债权人会议，对重整计划草案进行表决。 2. 表决："头过半＋钱2/3"，有财产担保的债权人参与表决。出席会议的同一表决组的债权人过半数同意重整计划草案，并且其所代表的债权额占该组债权总额的2/3以上的，即为该组通过重整计划草案。 3. 各表决组均通过重整计划草案时，重整计划即为通过。 4. 重整计划需经法院批准，裁定批准的，终止重整程序，重整计划生效，并予以公告。自重整计划通过之日起10日内，债务人或者管理人应当向人民法院提出批准重整计划的申请。人民法院经审查认为符合《破产法》规定的，应当自收到申请之日起30日内裁定批准。

十一、和解程序

含义	和解程序是债务人同债权人通过谈判、讨价还价，双方同意用优惠条件还债而不消灭企业的程序。
和解协议的特点	1. 和解以债务人向法院提出和解申请为必要。（不能是债权人）债务人可以直接提出和解，也可以从破产清算程序中转换为破产和解。 2. 表决："头过半＋钱2/3"，有财产担保的债权人不参与表决。债权人会议通过和解协议的决议，由出席会议的有表决权的债权人过半数同意，并且其所代表的债权额占无财产担保债权总额的2/3以上。 3. 和解协议的生效须经法院裁定认可。 4. 和解有优先于破产清算程序的相对效力。 5. 经人民法院裁定认可的和解协议，对债务人和全体和解债权人均有约束力。

注意重整、和解和破产清算三种程序之间的转换关系：（如图）

1. "重整、和解可转清算阶段"：债务人进入重整或和解程序之后，可以在具备破产法规定的特定事由时，经破产宣告转入破产清算程序。

2. 一旦宣告破产进入清算阶段，企业的死亡不可逆转，不能再转入重整、和解。债务人一旦经破产宣告程序进入破产清算程序，则不能转入重整或和解程序。

3. 重整、和解之间不能转换。

总之，重整可转清算；和解可转清算；重整、和解之间不能转换；一旦宣告破产进入清算阶段不能再重整、和解。

【图例】

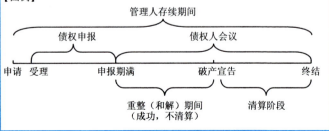

十二、清算程序

破产宣告的法律后果	破产宣告，标志着破产案件无可逆转地进入清算程序，债务人无可挽回地陷入破产倒闭。债务人被宣告破产后，债务人称为**破产人**，债务人财产称为**破产财产**，人民法院受理破产申请时对债务人享有的债权称为**破产债权**。
别除权	1. 破产宣告进入清算程序后，有财产担保的债权被称为"别除权"。 2. 别除权是一种优先受偿权，由破产财产中的特定财产单独优先受偿。 3. 别除权以担保权为基础权利。包括三种形式：抵押、质押、留置。 4. 别除权的行使不参加集体清偿程序。 5. 别除权标的物不计入破产财产。 6. 别除权要进行债权申报并获得确认。
破产清偿顺序	破产财产在优先清偿破产费用和共益债务后，依照下列顺序清偿： 1. 职工债权：破产人所欠职工的工资和医疗、伤残补助、抚恤费用，所欠的应当划入职工个人账户的基本养老保险、基本医疗保险费用，以及法律、行政法规规定应当支付给职工的补偿金。 2. "养老、医疗之外的社保、税款"：破产人欠缴的除上述规定以外的社会保险费用和破产人所欠税款。 3. 普通破产债权：破产财产不足以清偿同一顺序的清偿要求的，按照比例分配。

十三、《破产法解释（三）》（新增）

内容提炼和讲解	法条规定
1. 受理前未支付的强制清算费用、未终结的执行程序中产生的评估费、公告费、保管费等执行费用，可参照破产费用，由债务人财产随时清偿。 2. 尚未支付的案件受理费、执行申请费，可以作为破产债权清偿。（注意区别：破产案件的诉讼费是作为破产费用，优先随时清偿）	**第一条**　人民法院裁定受理破产申请的，此前债务人尚未支付的公司强制清算费用、未终结的执行程序中产生的评估费、公告费、保管费等执行费用，可以参照企业破产法关于破产费用的规定，由债务人财产随时清偿。此前债务人尚未支付的案件受理费、执行申请费，可以作为破产债权清偿。
1. 受理后，经通过或许可，债务人可借款。 2. 借款的债权人按共益债务优先于普通破产债权清偿，但不优先于有担保债权清偿。 3. 为借款设定抵押担保的抵押物，如果在破产受理前已经为其他债权人设定抵押，清偿顺序按照：登记的先于未登记的清偿；都未登记，按债权比例清偿；都登记，按照登记顺序清偿，顺序相同按债权比例。	**第二条**　破产申请受理后，经债权人会议决议通过，或者第一次债权人会议召开前经人民法院许可，管理人或者自行管理的债务人可以为债务人继续营业而借款。提供借款的债权人主张参照企业破产法第四十二条第四项的规定优先于普通破产债权清偿的，人民法院应予支持，但其主张优先于此前已就债务人特定财产享有担保的债权清偿的，人民法院不予支持。 管理人或者自行管理的债务人可以为前述借款设定抵押担保，抵押物在破产申请受理前已为其他债权人设定抵押的，债权人主张按照物权法第一百九十九条规定的顺序清偿，人民法院应予支持。

<table>
<tr>
<td></td>
<td>

法条链接：

1. 《破产法》第四十二条："人民法院受理破产申请后发生的下列债务，为共益债务：

（一）因管理人或者债务人请求对方当事人履行双方均未履行完毕的合同所产生的债务；

（二）债务人财产受无因管理所产生的债务；

（三）因债务人不当得利所产生的债务；

（四）为债务人继续营业而应支付的劳动报酬和社会保险费用以及由此产生的其他债务；

（五）管理人或者相关人员执行职务致人损害所产生的债务；

（六）债务人财产致人损害所产生的债务。"

2. 《物权法》第一百九十九条："同一财产向两个以上债权人抵押的，拍卖、变卖抵押财产所得的价款依照下列规定清偿：

（一）抵押权已登记的，按照登记的先后顺序清偿；顺序相同的，按照债权比例清偿；

（二）抵押权已登记的先于未登记的受偿；

（三）抵押权未登记的，按照债权比例清偿。"

</td>
</tr>
<tr>
<td>

受理后债务人欠缴款项产生的滞纳金，迟延利息不作为债权申报。

</td>
<td>

第三条　破产申请受理后，债务人欠缴款项产生的滞纳金，包括债务人未履行生效法律文书应当加倍支付的迟延利息和劳动保险金的滞纳金，债权人作为破产债权申报的，人民法院不予确认。

法条链接：

《破产法》第四十六条："未到期的债权，在破产申请受理时视为到期。附利息的债权自破产申请受理时起停止计息。"

</td>
</tr>
</table>

1. 对保证人的保证债权可债权申报。 2. 债权人在一般保证人破产程序中的分配额应予提存，待一般保证人应承担的保证责任确定后再按照破产清偿比例予以分配。	**第四条** 保证人被裁定进入破产程序的，债权人有权申报其对保证人的保证债权。 主债务未到期的，保证债权在保证人破产申请受理时视为到期。一般保证的保证人主张行使先诉抗辩权的，人民法院不予支持，但债权人在一般保证人破产程序中的分配额应予提存，待一般保证人应承担的保证责任确定后再按照破产清偿比例予以分配。 保证人被确定应当承担保证责任的，保证人的管理人可以就保证人实际承担的清偿额向主债务人或其他债务人行使偿权。
1. 债务人、保证人均被裁定进入破产程序的，债权人有权向债务人、保证人分别申报债权。 2. 债权人向债务人、保证人均申报全部债权的，从一方破产程序中获得清偿后，其对另一方的债权额不作调整，但债权人的受偿额不得超出其债权总额。 3. 保证人履行保证责任后不再享有求偿权。	**第五条** 债务人、保证人均被裁定进入破产程序的，债权人有权向债务人、保证人分别申报债权。 债权人向债务人、保证人均申报全部债权的，从一方破产程序中获得清偿后，其对另一方的债权额不作调整，但债权人的受偿额不得超出其债权总额。保证人履行保证责任后不再享有求偿权。
债权表、债权申报登记册及债权申报材料在破产期间由管理人保管，利害关系人有权查阅。	**第六条** 管理人应当依照企业破产法第五十七条的规定对所申报的债权进行登记造册，详尽记载申报人的姓名、单位、代理人、申报债权额、担保情况、证据、联系方式等事项，形成债权申报登记册。

	管理人应当依照企业破产法第五十七条的规定对债权的性质、数额、担保财产、是否超过诉讼时效期间、是否超过强制执行期间等情况进行审查、编制债权表并提交债权人会议核查。 债权表、债权申报登记册及债权申报材料在破产期间由管理人保管，债权人、债务人、债务人职工及其他利害关系人有权查阅。
管理人认为申报债权的生效法律文书确定的债权错误，应通过审判监督程序向作出的法院或者上一级法院申请撤销，或者向受理破产申请的人民法院申请撤销或者不予执行仲裁裁决。	**第七条** 已经生效法律文书确定的债权，管理人应当予以确认。 管理人认为债权人据以申报债权的生效法律文书确定的债权错误，或者有证据证明债权人与债务人恶意通过诉讼、仲裁或者公证机关赋予强制执行力公证文书的形式虚构债权债务的，应当依法通过审判监督程序向作出该判决、裁定、调解书的人民法院或者上一级人民法院申请撤销生效法律文书，或者向受理破产申请的人民法院申请撤销或者不予执行仲裁裁决、不予执行公证债权文书后，重新确定债权。
1. 对债权表记载的债权有异议，须先经管理人解释或调整后，异议人仍然不服的，异议人可提起债权确认诉讼。 2. 在破产申请受理前订立有仲裁条款或仲裁协议的，应当向选定的仲裁机构申请确认债权债务关系。	**第八条** 债务人、债权人对债权表记载的债权有异议的，应当说明理由和法律依据。经管理人解释或调整后，异议人仍然不服的，或者管理人不予解释或调整的，异议人应当在债权人会议核查结束后十五日内向人民法院提起债权确认的诉讼。当事人之间在破产申请受理前订立有仲裁条款或仲裁协议的，应当向选定的仲裁机构申请确认债权债务关系。

对债权有异议时被告的确定： 1. 债务人对债权有异议，被异议债权人列为被告； 2. 债权人对他人债权异议，将被异议债权人列为被告； 3. 债权人对本人债权有异议的，应将债务人列为被告。	**第九条** 债务人对债权表记载的债权有异议向人民法院提起诉讼的，应将被异议债权人列为被告。债权人对债权表记载的他人债权有异议的，应将被异议债权人列为被告；债权人对债权表记载的本人债权有异议的，应将债务人列为被告。 对同一笔债权存在多个异议人，其他异议人申请参加诉讼的，应当列为共同原告。
1. 债权人有知情权，主要体现在对债务人相关资料的查阅权。 2. 管理人无正当理由不予提供的，债权人可请求法院作出决定。	**第十条** 单个债权人有权查阅债务人财产状况报告、债权人会议决议、债权人委员会决议、管理人监督报告等参与破产程序所必需的债务人财务和经营信息资料。管理人无正当理由不予提供的，债权人可以请求人民法院作出决定；人民法院应当在五日内作出决定。 上述信息资料涉及商业秘密的，债权人应当依法承担保密义务或者签署保密协议；涉及国家秘密的应当依照相关法律规定处理。
1. 债权人会议的决议形式除现场表决外，还可以采取其他多种非现场方式表决。 2. 重整计划分组表决时，权益因重整计划草案受到调整或者影响的债权人或者股东，有权参加表决；权益未受到调整或者影响的债权人或者股东，不参加重整计划草案的表决。	**第十一条** 债权人会议的决议除现场表决外，可以由管理人事先将相关决议事项告知债权人，采取通信、网络投票等非现场方式进行表决。采取非现场方式进行表决的，管理人应当在债权人会议召开后的三日内，以信函、电子邮件、公告等方式将表决结果告知参与表决的债权人。 根据企业破产法第八十二条规定，对重整计划草案进行分组表决时，权益因重整计划草案受到调整或者影响的债权人或者股东，有权参加表决；权益未受到调整或者影响的债权人或者股东，参照企业破产法第八十三条的规定，不参加重整计划草案的表决。

	法条链接： 《破产法》第八十二条："下列各类债权的债权人参加讨论重整计划草案的债权人会议，依照下列债权分类，分组对重整计划草案进行表决：（一）对债务人的特定财产享有担保权的债权；（二）债务人所欠职工的工资和医疗、伤残补助、抚恤费用，所欠的应当划入职工个人账户的基本养老保险、基本医疗保险费用，以及法律、行政法规规定应当支付给职工的补偿金；（三）债务人所欠税款；（四）普通债权。 人民法院在必要时可以决定在普通债权组中设小额债权组对重整计划草案进行表决。"
1. 债权人可申请债权人会议决议撤销的情形：召开、表决程序违法；内容违法；决议超出会议的职权范围。 2. 法院可裁定撤销全部或者部分，责令债权人会议依法重新作出决议。	**第十二条**　债权人会议的决议具有以下情形之一，损害债权人利益，债权人申请撤销的，人民法院应予支持： （一）债权人会议的召开违反法定程序； （二）债权人会议的表决违反法定程序； （三）债权人会议的决议内容违法； （四）债权人会议的决议超出债权人会议的职权范围。 人民法院可以裁定撤销全部或者部分事项决议，责令债权人会议依法重新作出决议。 债权人申请撤销债权人会议决议的，应当提出书面申请。债权人会议采取通信、网络投票等非现场方式进行表决的，债权人申请撤销的期限自债权人收到通知之日起算。

1. 债权人会议可委托授权债权人委员会行使特定职权，包括：申请人民法院更换管理人，审查管理人的费用和报酬；监督管理人；决定继续或者停止债务人的营业。 2. 注意不能概括性授权，委托行使所有职权。	**第十三条**　债权人会议可以依照企业破产法第六十八条第一款第四项的规定，委托债权人委员会行使企业破产法第六十一条第一款第二、三、五项规定的债权人会议职权。债权人会议不得作出概括性授权，委托其行使债权人会议所有职权。 **法条链接：** 《破产法》第六十一条："债权人会议行使下列职权：（一）核查债权；（二）申请人民法院更换管理人，审查管理人的费用和报酬；（三）监督管理人；（四）选任和更换债权人委员会成员；（五）决定继续或者停止债务人的营业；（六）通过重整计划；（七）通过和解协议；（八）通过债务人财产的管理方案；（九）通过破产财产的变价方案；（十）通过破产财产的分配方案；（十一）人民法院认为应当由债权人会议行使的其他职权。债权人会议应当对所议事项的决议作成会议记录。"
债权人委员会的表决比例应全体成员过半数，对决议不同意的，应会议记录载明。	**第十四条**　债权人委员会决定所议事项应获得全体成员过半数通过，并作成议事记录。债权人委员会成员对所议事项的决议有不同意见的，应当在记录中载明。 债权人委员会行使职权应当接受债权人会议的监督，以适当的方式向债权人会议及时汇报工作，并接受人民法院的指导。
原则： 1. 管理人处分债务人重大财产，应事先提交债权人会议进行表决，未表决通过，不处分。	**第十五条**　管理人处分企业破产法第六十九条规定的债务人重大财产的，应当事先制作财产管理或者变价方案并提交债权人会议进行表决，债权人会议表决未通过的，管理人不得处分。

2. 实施处分前，应提前十日书面报告债权人委员会或者人民法院。 注意：本条主要针对的是第一次债权人会议召开后，管理人实施的处分行为，第一次债权人会议召开前管理人实施处分的，仍应当按照《破产法》第二十六条的规定处理。	管理人实施处分前，应当根据企业破产法第六十九条的规定，提前十日书面报告债权人委员会或者人民法院。债权人委员会可以依照企业破产法第六十八条第二款的规定，要求管理人对处分行为作出相应说明或者提供有关文件依据。 债权人委员会认为管理人实施的处分行为不符合债权人会议通过的财产管理或变价方案的，有权要求管理人纠正。管理人拒绝纠正的，债权人委员会可以请求人民法院作出决定。 人民法院认为管理人实施的处分行为不符合债权人会议通过的财产管理或变价方案的，应当责令管理人停止处分行为。管理人应当予以纠正，或者提交债权人会议重新表决通过后实施。 **法条链接：** 《破产法》第六十九条："管理人实施下列行为，应当及时报告债权人委员会：（一）涉及土地、房屋等不动产权益的转让；（二）探矿权、采矿权、知识产权等财产权的转让；（三）全部库存或者营业的转让；（四）借款；（五）设定财产担保；（六）债权和有价证券的转让；（七）履行债务人和对方当事人均未履行完毕的合同；（八）放弃权利；（九）担保物的取回；（十）对债权人利益有重大影响的其他财产处分行为。未设立债权人委员会的，管理人实施前款规定的行为应当及时报告人民法院。" 《破产法》第二十六条："在第一次债权人会议召开之前，管理人决定继续或者停止债务人的营业或者有本法第六十九条规定行为之一的，应当经人民法院许可。"

真题与模拟题

真题

2018 年仿真题

▶ 案情

林强、刘珂和孙淼是木道公司的股东。林强担任公司法定代表人，与刘珂是恋人关系。

2015 年 4 月 2 日，木道公司与林强、刘珂、郝宏、季翔设立遥想公司，签订了《投资人协议》，签署了《遥想公司章程》，规定遥想公司的注册资本是 5000 万元。其中，木道公司认缴 2000 万元，林强认缴 1000 万元，刘珂认缴 500 万元，郝宏认缴 1000 万元，季翔认缴 500 万元。《章程》还规定，木道公司和郝宏的出资应在公司设立时一次性缴足，林强、刘珂、季翔认缴的出资在公司设立后三年内缴足。同一天，郝宏与孙淼签订了《委托持股协议》，约定：郝宏在遥想公司认缴的出资由孙淼实际缴纳，股权实际为孙淼所有，孙淼与郝宏之间系委托代持股关系。孙淼与郝宏将《委托持股协议》进行了公证。

遥想公司成立并领取了企业法人营业执照，营业执照上注明：公司注册资本 5000 万元，实缴 3000 万元，认缴 2000 万元。刘珂是遥想公司的法定代表人。木道公司和孙淼均按章程的规定以向公司账户汇款的方式足额缴纳了出资。汇款单用途栏内写明"认缴股权投资款"。

2016 年 12 月，林强分两次从其银行卡向刘珂银行卡分别汇款 100 万元、80 万元，到款当日，刘珂将这两笔款项均汇入遥想公司账户，汇款单的汇款用途栏内写明"投资款"。刘珂认缴的出资，尚有 320 万元未缴足。

2016 年 12 月，季翔向遥想公司账户汇款 100 万元，尚有 400 万元未实际缴足。

2017 年 1 月，季翔拟转让股权，其他股东不主张购买。季翔最终将股权转让给皓轩公司，并办理了股权变更登记。

2017 年 3 月，林强与刘珂关系破裂，在刘珂的操作下，遥想公司会计麦芜与木道公司签订了《股权转让协议》，将木道公司对遥想公司的股权转让给麦芜，该《股权转让协议》上加盖有木道公司公章，法定代表人签字一栏林强的签字则是刘珂伪造的。遥想公司持该《股权转让协议》到公司登记机关办理了股权变更登记，麦芜未实际向木道公司支付股权转让款。

2017 年 4 月，麦芜与彩虹钢铁公司签订《股权转让协议》，麦芜将其名下的遥想公司股权转让给彩虹钢铁公司，彩虹钢铁公司向麦芜支付股权转让款 3000 万元，遥想公司为彩虹钢铁公司办理了股权过户变更登记。

2017 年 8 月，郝宏因拖欠小额贷款公司借款，被法院判决应偿还借款本金 300 万元及相应的利息和罚息。小额贷款公司申请法院强制执行，法院查封了郝宏在遥想公司的股权，对此，孙淼提出案外人异议。

2017 年 9 月，遥想公司因不能偿还银行到期借款 3000 万元本金及利息，被银行起诉到法院。在该案一审审理期间，银行以林强认缴的出资未足额缴纳为由，追加林强为被告，请求林强对公司债务承担连带清偿责任。

问题：

1. 如林强以刘珂用于出资的180万元是他所汇为由，主张确认刘珂名下的股权实际为林强所有，该主张是否成立？为什么？

2. 季翔向皓轩公司转让股权时，其认缴的出资尚有400万元未缴纳，如认缴期限届满，遥想公司是否可以向皓轩公司催缴？为什么？

3. 木道公司与麦芜签订了《股权转让协议》，并将股权过户到麦芜名下，据此是否可以认定麦芜已取得遥想公司的股权？为什么？

4. 根据题中所述事实，是否可以认定彩虹钢铁公司已取得遥想公司股权？为什么？

5. 孙淼的案外人执行异议是否成立？为什么？

6. 在银行诉遥想公司和林强的清偿贷款纠纷案件中，林强是否应当对公司债务承担连带责任？为什么？

案情和法律关系梳理

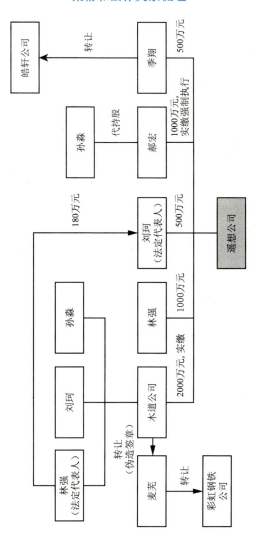

✏️ 参考答案 📑

1. 答：不成立。

虽然从公司出资来源上看，林强将180万元转入刘珂账户，作为刘珂向遥想公司的出资，但林强不能以此为由主张股东身份。林强和刘珂之间没有代持协议，也没有进行相关代持的约定，只能在林强和刘珂之间形成债权债务关系。

2. 答：根据《公司法解释（三）》第18条规定："有限责任公司的股东未履行或者未全面履行出资义务即转让股权，受让人对此知道或者应当知道，公司请求该股东履行出资义务、受让人对此承担连带责任的，人民法院应予支持；公司债权人依照本规定第十三条第二款向该股东提起诉讼，同时请求前述受让人对此承担连带责任的，人民法院应予支持。受让人根据前款规定承担责任后，向该未履行或者未全面履行出资义务的股东追偿的，人民法院应予支持。但是，当事人另有约定的除外。"

（1）若皓轩公司受让股权时，知道或应当知道季翔未完全履行出资义务，则遥想公司可以向其催缴。其承担出资义务后，有权向季翔追偿，但双方另有约定除外；

（2）若皓轩公司受让股权时，不知道，也不应当知道季翔未完全履行出资义务，则皓轩公司无须承担出资责任。

3. 答：不能认定麦芫已经取得遥想公司股权。

因为，木道公司并无转让其持有遥想公司股权的意思表示。首先，《股权转让协议》上木道公司法定代表人林强的签章系刘珂伪造；其次，木道公司并未收到股权转让的对价。即便已经完成股权变更登记，麦芫也没有获得该部分股权。

4. 答：彩虹钢铁公司已经取得遥想公司股权。

虽然麦芜未取得木道公司所持有的遥想公司股权，其转让该部分股权的行为系无权处分。但从麦芜向彩虹钢铁公司转让股权的情形看，彩虹钢铁公司符合善意取得条件：（1）彩虹钢铁公司基于工商登记信息，有理由信任麦芜有权处分该部分股权，是善意的；（2）支付了对价；（3）办理了股权变更登记。

5. 答：成立。

因为郝宏与孙淼之间形成代持股关系，郝宏为名义股东，孙淼为实际出资人，且代持协议已经公证，该部分股权利益实际归孙淼享有。《公司法解释（三）》第 26 条虽然规定了名义股东对外转让股权参照适用善意取得制度，肯定了名义股东对善意第三人股权转让的效力。但商事外观主义的适用范围不应包括非基于股权处分的债权人，此股权善意取得制度的适用主体仅限于与名义股东存在股权交易的第三人。申请执行人并非针对被执行人名下的股权从事交易，仅因债务纠纷而寻查被执行人的财产还债，并无信赖利益保护的需要，申请执行人没有产生信赖利益，无信赖利益的一般债权不得优于隐名股东对代持股权的实际权利，当然不属于商事外观主义原则所保护的对象。因此，股权名义持有人的债权人不能适用商事外观主义原则主张对股权进行强制执行，隐名股东对代持股权享有的民事权益足以排除强制执行。故孙淼的案外人执行异议成立。

6. 答：不需要。

根据《公司法解释（三）》第 13 条第 2 款规定："公司债权人请求未履行或者未全面履行出资义务的股东在未出资

本息范围内对公司债务不能清偿的部分承担补充赔偿责任的，人民法院应予支持；未履行或者未全面履行出资义务的股东已经承担上述责任，其他债权人提出相同请求的，人民法院不予支持。"该条适用的前提为认缴资本制度下，公司章程规定的出资期限已届满，股东仍未出资或未完全出资。因此，股东的出资义务一般不能加速到期，债权人不能在公司不能清偿债务的情况下，要求出资期限尚未到来的股东直接在未出资本息范围内对公司不能清偿部分承担补充赔偿责任。

本题中，林强的出资期限尚未届满，故无须对公司债务承担责任。①

2017 年真题

▷ 案情

昌顺有限公司成立于 2012 年 4 月，注册资本 5000 万元，股东为刘昌、钱顺、潘平与程舵，持股比例依次为 40%、28%、26% 与 6%。章程规定设立时各股东须缴纳 30% 的出资，其余在两年内缴足；公司不设董事会与监事会，刘昌担任董事长，钱顺担任总经理并兼任监事。各股东均已按章程实际缴纳首批出资。公司业务主要是从事某商厦

---

① 注意 2015 年司法考试真题卷四第 5 题中，股东大会决议增资的出资期限为 20 年，在出资期限届满前，公司对外债务不能清偿时，是否可要求未认缴新增出资的股东出资义务加速到期，对债权人承担补充赔偿责任？当年司法部给出的答案为，股东认缴的尚未到期的出资义务应按照提前到期的方法来处理，需对外承担补充清偿责任。但在目前的司法实践中，主流观点为：除非公司清算或破产，恶意延长出资期限，否则股东出资义务不能加速到期。

内商铺的出租与管理。因该商厦商业地理位置优越，承租商户资源充足，租金收入颇为稳定，公司一直处于盈利状态。

2014年4月，公司通过股东会决议，将注册资本减少至3000万元，各股东的出资额等比例减少，同时其剩余出资的缴纳期限延展至2030年12月。公司随后依法在登记机关办理了注册资本的变更登记。

公司盈利状况不错，但2014年6月，就公司关于承租商户的筛选、租金的调整幅度、使用管理等问题的决策，刘昌与钱顺爆发严重冲突。后又发生了刘昌解聘钱顺的总经理职务，而钱顺又以监事身份来罢免刘昌董事长的情况，虽经潘平与程舵调和也无济于事。受此影响，公司此后竟未再召开过股东会。好在商户比较稳定，公司营收未出现下滑。

2016年5月，钱顺已厌倦于争斗，要求刘昌或者公司买下自己的股权，自己退出公司，但遭到刘昌的坚决拒绝，其他股东既无购买意愿也无购买能力。钱顺遂起诉公司与刘昌，要求公司回购自己的股权，若公司不回购，则要求刘昌来购买。一个月后，法院判决钱顺败诉。后钱顺再以解散公司为由起诉公司。虽然刘昌以公司一直盈利且运行正常等为理由坚决反对，法院仍于2017年2月作出解散公司的判决。

判决作出后，各方既未提出上诉，也未按规定成立清算组，更未进行实际的清算。在公司登记机关，该昌顺公司仍登记至今，而各承租商户也继续依约向公司交付租金。（2017/4/5，21分）

✖ 问题：

1. 昌顺公司的治理结构，是否存在不规范的地方？为什么？

2. 昌顺公司减少注册资本依法应包括哪些步骤？

3. 刘昌解聘钱顺的总经理职务，以及钱顺以监事身份来罢免刘昌董事长职位是否合法？为什么？

4. 法院判决不支持"钱顺要求公司与刘昌回购自己股权的诉求"是否合理？为什么？

5. 法院作出解散公司的判决是否合理？为什么？

6. 解散公司的判决生效后，就昌顺公司的后续行为及其状态，在法律上应如何评价？为什么？

✏️ 参考答案

1. 存在。①昌顺公司股东人数较少，不设董事会的做法符合《公司法》第 50 条规定，但此时刘昌的职位不应是董事长，而应是执行董事。②昌顺公司股东人数较少，不设监事会符合《公司法》第51 条第 1 款规定。但是按该条第4款规定，董事、高级管理人员不得兼任监事，而钱顺不得兼任监事。

2. ①要形成 2/3 多数议决的关于减资的股东会决议，即符合《公司法》第 43 条第 2 款要求，形成有效的股东会决议。②编制资产负债表及财产清单。③按照《公司法》第177 条第 2 款的规定，减资决议形成之日起 10 日内通知债权人，并于 30 日内在报纸上公告。④应向公司登记机关提交相关文件，办理变更登记。登记后才发生注册资本减少的效力。⑤还应修改公司章程。

3. ①钱顺罢免刘昌不合法。钱顺兼任公司监事是不符合公司法规定的，即使钱顺监事身份合法，根据《公司法》第 53 条，监事对公司高、董，只有罢免建议权，而无决定权。因此，刘昌的执行董事地位不受影响。

②答案一：刘昌解聘钱顺是符合公司法规定的。在不设董事会的治理结构中，执行董事即相当于董事会。而按照《公司法》第49条第1款，由董事会决定聘任或解聘经理，从而刘昌解聘钱顺总经理职务的行为，符合公司法规定。

答案二：刘昌行为不合法。因本案中存在两个事实情节，第一，钱顺任职总经理已规定于公司章程中，从而对钱顺的解聘会涉及是否符合公司章程修改程序的判断；第二，刘昌解聘行为，是二人间矛盾激化的结果，而在不设董事会的背景下，刘昌的这一行为确实存在职权滥用的嫌疑。

4. 合理。依《公司法》第74条第1款，股东回购请求权仅限于该款所列明的三种情形下对股东会决议的异议股东（即公司连续五年不分红决议、公司合并分立或转让主要财产决议、公司存续上的续期决议），钱顺的情形显然不符合该规定。而就针对其他股东的强制性的股权购买请求权，现行公司法并无明文规定。即在现行公司法上，股东彼此之间并不负有在特定情况下收购对方股权的强制性义务；即使按照《公司法解释（二）》第5条，法院在审理解散公司的案件时，应尽量调解，并给出由其他股东收购股权的调解备选方案，也不能因此成立其他股东的收购义务。故钱顺对股东刘昌的诉求，也没有实体法依据。

5. 判决合理。依《公司法》第182条及《公司法解释（二）》第1条第1款，本案符合"公司持续两年以上无法召开股东会或者股东大会，公司经营管理发生严重困难的"，昌顺公司自2014年6月至解散诉讼时，已超过两年时间未再召开过股东会，这表明昌顺公司已实质性构成所谓的"公司僵局"，即构成法院判决公司解散的根据。

6. 法院作出的解散公司的判决，在性质上为形成判决，据此，公司应进入清算阶段。对此，《公司法》所规定的程序如下：①依第 183 条及时成立清算组；②清算组按照法律规定的期限，按《公司法》第 184 条至第 187 条进行各项清算工作；③清算结束后，根据第 188 条，清算组应当制作清算报告，报股东会确认，并报送公司登记机关，申请注销公司登记，公告公司终止。概括来说，按照我国公司法的规范逻辑，解散判决生效后，公司就必须经过清算程序走向终止。

本案昌顺公司被司法解散后仍然继续存在的事实，显然是与这一规范层面的逻辑不相符的，这说明我国立法关于司法解散的相关程序与制度，在衔接上尚有不足之处，有待将来立法的完善。

2016 年真题

案情

美森公司成立于 2009 年，主要经营煤炭。股东是大雅公司以及庄某、石某。章程规定公司的注册资本是 1000 万元，三个股东的持股比例是 5∶3∶2；各股东应当在公司成立时一次性缴清全部出资。大雅公司将之前归其所有的某公司的净资产经会计师事务所评估后作价 500 万元用于出资，这部分资产实际交付给美森公司使用；庄某和石某以货币出资，公司成立时庄某实际支付了 100 万元，石某实际支付了 50 万元。

大雅公司委派白某担任美森公司的董事长兼法定代表人。2010 年，赵某欲入股美森公司，白某、庄某和石某一致表示同意，于是赵某以现金出资 50 万元，公司出具了收款收据，但未办理股东变更登记。赵某还领取了 2010 年和 2011 年的红利共 10 万元，也参加了公司的股东会。

2012 年开始，公司经营逐渐陷入困境。庄某将其在美森公司中的股权转让给了其妻弟杜某。此时，赵某提出美森公司未将其登记为股东，所以自己的 50 万元当时是借款给美森公司的。白某称美森公司无钱可还，还告诉赵某，为维持公司的经营，公司已经向甲、乙公司分别借款 60 万元和 40 万元，向大雅公司借款 500 万元。

2013 年 11 月，大雅公司指示白某将原出资的资产中价值较大的部分逐渐转入另一子公司美阳公司。对此，杜某、石某和赵某均不知情。

此时，甲公司和乙公司起诉了美森公司，要求其返还借款及相应利息。大雅公司也主张自己曾借款 500 万元给美森公司，要求其偿还。赵某、杜某及石某闻讯后也认为利益受损，要求美森公司返还出资或借款。（2016/4/5，18 分）

🗶 问题：

1. 应如何评价美森公司成立时三个股东的出资行为及其法律效果？

2. 赵某与美森公司是什么法律关系？为什么？

3. 庄某是否可将其在美森公司中的股权进行转让？为什么？这种转让的法律后果是什么？

4. 大雅公司让白某将原来用作出资的资产转移给美阳公司的行为是否合法？为什么？

5. 甲公司和乙公司对美森公司的债权，以及大雅公司对美森公司的债权，应否得到受偿？其受偿顺序如何？

6. 赵某、杜某和石某的请求及理由是否成立？他们应当如何主张自己的权利？

✏️ **参考答案** 📑

1. 大雅公司以先前归其所有的某公司的净资产出资，净资产尽管没有在我国公司法中规定为出资形式，但在公司实践中运用较多，并且案情中显示，一方面这些净资产本来归大雅公司，且经过了会计师事务所的评估作价，在出资程序方面与实物等非货币形式的出资相似；另一方面，这些净资产已经由美森公司实际占有和使用，即完成了交付。《公司法解释（三）》第9条也有"非货币财产出资，未依法评估作价"的规定，所以，应当认为大雅公司履行了自己的出资义务。庄某按章程应当以现金300万元出资，仅出资100万元；石某按章程应当出资200万元，仅出资50万元；所以两位自然人股东没有完全履行自己的出资义务，应当承担继续履行出资义务及违约责任。

2. 投资与借贷是不同的法律关系。赵某自己主张是借贷关系中的债权人，但依据《公司法解释（三）》第23条的规定，赵某虽然没有被登记为股东，但是他在2010年时出于自己的真实意思表示，愿意出资成为股东，其他股东及股东代表均同意，并且赵某实际交付了50万元出资，参与了分红及公司的经营，这些行为均非债权人可为，所以赵某具备实际出资人的地位，在公司内部也享有实际出资人的权利。此外，从民商法的诚信原则考虑也应认可赵某作为实际出资人或实际股东而非债权人。

3. 尽管庄某没有全面履行自己的出资义务，但其股权也是可以转让的。受让人是其妻弟，按生活经验应当推定杜某是知情的。我国《公司法解释（三）》第18条已经认可了瑕疵出资股权的可转让性，这种转让的法律后果就是如果受让人知道，转让人和受让人对公司以及债权人要承担连带责任，受让人再向转让人进行追偿。

4. 公司具有独立人格，公司财产是其人格的基础，出资后的资产属于公司而非股东所有，故大雅公司无权将公司资产转移，该行为损害了公司的责任财产，侵害了美森公司、美森公司股东（杜某和石某）的利益，也侵害了甲公司、乙公司这些债权人的利益。

5. 甲公司和乙公司是普通债权，应当得到受偿。大雅公司是美森公司的大股东，我国公司法并未禁止公司与其股东之间的交易，只是规定关联交易不得损害公司和债权人的利益，因此借款本身是可以的，只要是真实的借款，也是有效的。所以大雅公司的债权也应当得到清偿。

在受偿顺序方面，答案一：作为股东（母公司）损害了美森公司的独立人格，也损害了债权人的利益，其债权应当在顺序上劣后于正常交易中的债权人甲和乙，这是"深石原则"的运用。答案二：根据民法公平原则，让大雅公司的债权在顺序方面劣后于甲、乙公司。答案三：按债权的平等性，他们的债权平等受偿。

6. 赵某和杜某、石某的请求不成立。赵某是实际出资人或实际股东，杜某和石某是股东。基于公司资本维持原则，股东不得要求退股，故其不得要求返还出资。

但是大雅公司作为大股东转移资产的行为损害了公司的利益，也就损害了股东的利益，因此他们可以向大雅公司提出赔偿请求。同时，白某作为公司的高级管理人员其行为也损害了股东利益，他们也可以起诉白某请求其承担赔偿责任。

2015 年真题

🔷 案情

鸿捷有限公司成立于 2008 年 3 月，从事生物医药研发。公司注册资本为 5000 万元，股东为甲、乙、丙、丁，持股比例分别为 37%、30%、19%、14%；甲为董事长，乙为总经理。公司成立后，经营状况一直不错。

2013 年 8 月初，为进一步拓展市场、加强经营管理，公司拟引进战略投资者骐黄公司，并通过股东大会形成如下决议（简称：《1 号股东会决议》）：第一，公司增资 1000 万元；第二，其中 860 万元，由骐黄公司认购；第三，余下的 140 万元，由丁认购，从而使丁在公司增资后的持股比例仍保持不变，而其他各股东均放弃对新股的优先认缴权；第四，缴纳新股出资的最后期限，为 2013 年 8 月 31 日。各股东均在决议文件上签字。

之后，丁因无充足资金，无法在规定期限内完成所认缴出资的缴纳；骐黄公司虽然与鸿捷公司签订了新股出资认缴协议，但之后就鸿捷公司的经营理念问题，与甲、乙、丙等人发生分歧，也一直未实际缴纳出资。因此，公司增资计划的实施，一直没有进展。但这对公司经营并未造成很大影响，至 2013 年底，公司账上已累积 4000 万元的未分配利润。

2014 年初，丁自他人处获得一笔资金，遂要求继续实施公司的增资计划，并自行将 140 万元打入公司账户，同时还主张对骐黄公司未实际缴资的 860 万元新股的优先认购权，但这一主张遭到其他股东的一致反对。

鉴于丁继续实施增资的强烈要求，并考虑到难以成功引进外部战略投资者，公司在 2014 年 1 月 8 日再次召开股东大会，讨论如下议案：第一，公司仍增资 1000 万元；第二，不再引进外部战略投资人，由公司各股东按照原有持股比例认缴新股；第三，各股东新增出资的缴纳期限为 20 年；第四，丁已转入公司账户的 140 万元资金，由公司退还给丁。就此议案所形成的股东会决议（简称：《2 号股东会决议》），甲、乙、丙均同意并签字，丁虽签字，但就第二、第三与第四项内容，均注明反对意见。

之后在甲、乙的主导下，鸿捷公司经股东大会修订了公司章程、股东名册等，并于 2014 年 1 月 20 日办理完毕相应的公司注册资本的工商变更登记。

2014 年底，受经济下行形势影响，加之新产品研发失败，鸿捷公司经营陷入困境。至 2015 年 5 月，公司已拖欠嵩悠公司设备款债务 1000 万元，公司账户中的资金已不足以偿付。（2015/4/5，18 分）

问题：

1. 《1 号股东会决议》的法律效力如何？为什么？

2. 就骐黄公司未实际缴纳出资的行为，鸿捷公司可否向其主张违约责任？为什么？

3. 丁可否主张 860 万元新股的优先认购权？为什么？

4. 《2 号股东会决议》的法律效力如何？其与《1 号股东会决议》的关系如何？为什么？

5. 鸿捷公司增加注册资本的程序中，何时产生注册资本增加的法律效力？为什么？

6. 就鸿捷公司不能清偿的 1000 万元设备款债务，嵩悠公司能否向其各个股东主张补充赔偿责任？为什么？

✏️ **参考答案** 📌

1.《1 号股东会决议》为合法有效的股东会决议。内容不违反现行法律、行政法规。程序上符合股东会决议的程序。

2. 首先，应确定骐黄公司与鸿捷公司间签订的新股出资认缴协议，自本案所交代的案情来看，属于合法有效的协议或合同，这是讨论违约责任的前提。其次，依《合同法》第 107 条，违约责任的承担方式有继续履行、采取补救措施与赔偿损失三种，但在本案中，如果强制要求骐黄公司继续履行也就是强制其履行缴纳出资的义务，则在结果上会导致强制骐黄公司加入公司组织，从而有违参与或加入公司组织之自由原则，故而鸿捷公司不能主张继续履行的违约责任。至于能否主张骐黄公司的赔偿损失责任，则视骐黄公司主观上是否存在过错，在本案中，骐黄公司并不存在明显的过错，因此鸿捷公司也很难主张该请求权。

3. 不可以。丁主张新股优先认购权的依据为《公司法》第 34 条，即"公司新增资本时，股东有权优先按照实缴的出资比例认缴出资"。但该条所规定的原股东之优先认购权，主要针对的是增资的股东大会决议就新股分配未另行规定的情形，而且行使优先认购权还需遵守另一个限制，即原股东只能按其持股比例或实缴出资比例，主张对新增资本的相应部分行使优先认购权。该增资计划并未侵害或妨害丁在公司中的股东地位，也未妨害其股权内容即未影响其表决权重，因此就余下的 860 万元的新股，丁无任何主张优先认购权的依据。

4.《2 号股东会决议》是合法有效的决议。内容不违法，也未损害异议股东丁的合法利益，程序上，丁的持股比例仅为 14%，达不到否决增资决议的 1/3 的比例要求。这两个决议均在解决与实施公司增资 1000 万元的计划，由于《1 号股东会决议》难以继续实施，因此《2 号股东会决议》是对《1 号股东会决议》的替代或者废除，后者随之失效。

5. 只有在公司登记机关办理完毕新的注册资本的变更登记后，才能产生新的注册资本亦即新增注册资本的法律效力。公司的注册资本也只有经过工商登记，才能产生注册资本的法定效力，进而在公司通过修改章程而增加注册资本时，同样也只有在登记完毕后，才能产生注册资本增加的法定效力。

6. 为保护公司债权人的合法利益，可准用《公司法解释（三）》第 13 条第 2 款的规定，认可公司债权人的这项请求权，即在公司财产不能清偿公司债务时，各股东所认缴的尚未到期的出资义务，应按照提前到期的方法来处理，进而对公司债权人承担补充赔偿责任。

2014 年真题

▷ 案情

2012 年 4 月，陈明设立一家有限责任公司，从事绿色食品开发，注册资本为 200 万元。公司成立半年后，为增加产品开发力度，陈明拟新增资本 100 万元，并为此分别与张巡、李贝洽谈，该二人均有意愿认缴全部新增资本，加入陈明的公司。陈明遂先后与张巡、李贝二人就投资事项分别签订了书面协议。张巡在签约后第二天，即将款项转入陈明的个人账户，但陈明一直以各种理由拖延办理公司变更登记等手续。2012 年 11 月 5 日，陈明最终完成公司章程、股东名册以及公司变更登记手续，公司注册资本变更为 300 万元，陈明任公司董事长，而股东仅为陈明与李贝，张巡的名字则未出现在公司登记的任何文件中。

李贝虽名为股东，但实际上是受刘宝之托，代其持股，李贝向公司缴纳的 100 万元出资，实际上来源于刘宝。2013 年 3 月，在陈明同意的情况下，李贝将其名下股权转让给善意不知情的潘龙，并在公司登记中办理了相应的股东变更。

2014 年 6 月，因产品开发屡次失败，公司陷入资不抵债且经营无望的困境，遂向法院申请破产。法院受理后，法院所指定的管理人查明：第一，陈明尚有 50 万元的出资未实际缴付；第二，陈明的妻子葛梅梅本是家庭妇女，但自 2014 年 1 月起，却一直以公司财务经理的名义，每月自公司领取奖金 4 万元。（2014/4/5，18 分）

问题：

1. 在法院受理公司破产申请前，张巡是否可向公司以及陈明主张权利，主张何种权利？为什么？

2. 在法院受理公司破产申请后，张巡是否可向管理人主张权利，主张何种权利？为什么？

3. 李贝能否以自己并非真正股东为由，主张对潘龙的股权转让行为无效？为什么？

4. 刘宝可主张哪些法律救济？为什么？

5. 陈明能否以超过诉讼时效为由，拒绝50万元出资的缴付？为什么？

6. 就葛梅梅所领取的奖金，管理人应如何处理？为什么？

✏️ 参考答案 ✂️

1. 张巡不能向公司主张任何权利。根据案情交代，即陈明是以自己名义与张巡签订协议，款项也是转入陈明个人账户，且张巡并未登记为公司股东，故在张巡与公司之间：第一，张巡并未因此成为公司股东；第二，张巡与公司之间不存在法律关系。鉴于投资协议仅存在于张巡与陈明个人之间，张巡只能向陈明主张违约责任，请求返还所给付的投资以及相应的损害赔偿。

2. 根据问题1的结论，张巡与公司之间不存在法律关系，故而在公司进入破产程序后，张巡也不得将其对陈明的债权，视为对公司的债权，向管理人进行破产债权的申报。

3. 依《公司法解释（三）》第24条第3款，李贝虽为名义股东，但在对公司的关系上为真正的股东，其对股权的处分应为有权处分；退一步说，即使就李贝的股东身份在学理上存在争议，但在《公司法解释（三）》第25条第1款股权善意取得的规定下，李贝的处分行为也已成为有权处分行为，因此为保护善意相对人起见，李贝也不得主张该处分行为无效。

4. 鉴于刘宝仅与李贝之间存在法律关系，即委托持股关系，因此刘宝也就只能根据该合同关系，向李贝主张违约责任，对公司不享有任何权利主张。

5. 股东的出资义务，不适用诉讼时效（《公司法解释

（三）》第 19 条第 1 款），因此管理人在向陈明主张 50 万元出资义务的履行时，其不得以超过诉讼时效为由来予以抗辩（《破产法》第 35 条、《破产法解释（二）》第 20 条第 1 款）。

6. 根据《破产法》第 36 条规定，债务人的董事、监事、高级管理人员利用职权从企业获取的非正常收入，管理人负有追回义务；再根据《破产法解释（二）》第 24 条第 1 款规定，董事、监事、高级管理人员所获取的绩效奖金属于非正常收入范围，因而管理人应向葛梅梅请求返还所获取的收入，且可以通过起诉方式来予以追回。

2013 年真题

案情

2012 年 5 月，兴平家装有限公司（下称兴平公司）与甲、乙、丙、丁四个自然人，共同出资设立大昌建材加工有限公司（下称大昌公司）。在大昌公司筹建阶段，兴平公司董事长马玮被指定为设立负责人，全面负责设立事务，马玮又委托甲协助处理公司设立事务。

2012 年 5 月 25 日，甲以设立中公司的名义与戊签订房屋租赁合同，以戊的房屋作为大昌公司将来的登记住所。

2012 年 6 月 5 日，大昌公司登记成立，马玮为公司董事长，甲任公司总经理。公司注册资本 1000 万元，其中，兴平公司以一栋厂房出资；甲的出资是一套设备（未经评估验资，甲申报其价值为 150 万元）与现金 100 万元。

2013 年 2 月，在马玮知情的情况下，甲伪造丙、丁的签名，将丙、丁的全部股权转让至乙的名下，并办理了登记变更手续。乙随后于 2013 年 5 月，在马玮、甲均无异议的情况下，将登记在其名下的全部股权作价 300 万元，转让给不知情的吴耕，也办理了登记变更等手续。

现查明：第一，兴平公司所出资的厂房，其所有权原属于马玮父亲；2011年5月，马玮在其父去世后，以伪造遗嘱的方式取得所有权，并于同年8月，以该厂房投资设立兴平公司，马玮占股80%，而马父遗产的真正继承人，是马玮的弟弟马祎。第二，甲的100万元现金出资，系由其朋友满钺代垫，且在2012年6月10日，甲将该100万元自公司账户转到自己账户，随即按约还给满钺。第三，甲出资的设备，在2012年6月初，时值130万元；在2013年1月，时值80万元。（2013/4/5，18分）

✕ 问题：

1. 甲以设立中公司的名义与戊签订的房屋租赁合同，其效力如何？为什么？

2. 在2013年1月，丙、丁能否主张甲设备出资的实际出资额仅为80万元，进而要求甲承担相应的补足出资责任？为什么？

3. 在甲不能补足其100万元现金出资时，满钺是否要承担相应的责任？为什么？

4. 马祎能否要求大昌公司返还厂房？为什么？

5. 乙能否取得丙、丁的股权？为什么？

6. 吴耕能否取得乙转让的全部股权？为什么？

✎ 参考答案 ▪

1. 有效。设立中的公司可以实施法律行为。公司在正式成立前不具备法人资格，是一种权利能力受限的社团，但可以实施一些为了公司设立而必需的法律行为，有限责任公司设立时的股东，可以以设立中的公司的名义对外签订合同，合同是有效的。

2. 不可以。公司股东以实物出资的应当对该实物的价值进行评估，出资人以实物出资后，因市场变化导致的实物价值贬值，不认定为出资不实，应当以出资时的价值为准。确定甲是否已履行出资义务，应以设备交付并移转所有权至公司时为准，故应以2012年6月初的130万元，作为确定甲承担相应的补足出资责任的标准。

3. 满钺无须承担相应的连带责任。需要注意一下，2013年《公司法》修订后，将实缴登记制改为认缴登记制，取消了注册资本的最低限制、分期认缴期限、首付出资比例及出资财产形式的限制等规定，原《公司法解释（三）》第15条规定的"第三人代垫资金协助发起人设立公司，双方明确约定在公司验资后或者在公司成立后将该发起人的出资抽回以偿还该第三人，发起人依照前述约定抽回出资偿还第三人后又不能补足出资，相关权利人请求第三人连带承担发起人因抽回出资而产生的相应责任的，人民法院应予支持"已被删除，因此，垫付出资的行为已不违法，垫付出资人满钺无须承担相应责任。

4. 可以。首先，因继承无效，马玮不能因继承取得厂房所有权，而其将厂房投资设立兴平公司，因马玮是兴平公司的董事长，其主观恶意视为所代表公司的恶意，因此也不能使兴平公司取得厂房所有权；其次，兴平公司将该厂房再投资于大昌公司时，马玮又是大昌公司的设立负责人与成立后的公司董事长，同样不能使大昌公司取得所有权，因此，所有权仍应归属于马祎，可以向大昌公司请求返还。

5. 不能。甲在没有得到丙、丁授权的情况下，通过伪造签名的方式，将丙、丁二人股权处分，属于无权处分，故乙与丙、丁间根本就不存在股权转让行为。后乙又将该部分原属于丙、丁的股权转让，乙在主观上也非善意，故不存在善意取得。

6. 可以。乙自己原持有的股权，为合法有效，故可以有效地转让给吴耕。至于乙所受让的丙、丁的股权，虽然无效，但乙已登记于公司登记之中，且吴耕为善意，并已登入公司登记中，故吴耕可以主张善意取得股权。

2012 年真题

🔷 案情

2009 年 1 月，甲、乙、丙、丁、戊共同投资设立鑫荣新材料有限公司（以下简称鑫荣公司），从事保温隔热高新建材的研发与生产。该公司注册资本 2000 万元，各股东认缴的出资比例分别为 44%、32%、13%、6%、5%。其中，丙将其对大都房地产开发有限公司所持股权折价成 260 万元作为出资方式，经验资后办理了股权转让手续。甲任鑫荣公司董事长与法定代表人，乙任公司总经理。

鑫荣公司成立后业绩不佳，股东之间的分歧日益加剧。当年 12 月 18 日，该公司召开股东会，在乙的策动下，乙、丙、丁、戊一致同意，限制甲对外签约合同金额在 100 万元以下，如超出 100 万元，甲须事先取得股东会同意。甲拒绝在决议上签字。此后公司再也没有召开股东会。

2010 年 12 月，甲认为产品研发要想取得实质进展，必须引进隆泰公司的一项新技术。甲未与其他股东商量，即以鑫荣公司法定代表人的身份，与隆泰公司签订了金额为 200

万元的技术转让合同。

2011 年 5 月，乙为资助其女赴美留学，向朋友张三借款 50 万元，以其对鑫荣公司的股权作为担保，并办理了股权质权登记手续。

2011 年 9 月，大都房地产公司资金链断裂，难以继续支撑，不得不向法院提出破产申请。经审查，该公司尚有资产 3000 万元，但负债已高达 3 亿元，各股东包括丙的股权价值几乎为零。

2012 年 1 月，鉴于鑫荣公司经营状况不佳及大股东与管理层间的矛盾，小股东丁与戊欲退出公司，以避免更大损失。

问题：

1. 2009 年 12 月 18 日股东大会决议的效力如何？为什么？

2. 甲以鑫荣公司名义与隆泰公司签订的技术转让合同效力如何？为什么？

3. 乙为张三设定的股权质押效力如何？为什么？

4. 大都房地产公司陷入破产，丙是否仍然对鑫荣公司享有股权？为什么？

5. 丁与戊可以通过何种途径保护自己的权益？

参考答案

1. 该股东会决议有效。股东会有权就董事长的职权行使作出限制，且表决权过半数的股东已在决议上签字。

2. 合同有效。尽管公司对董事长的职权行使有限制，甲超越了限制，但根据《合同法》第 50 条规定，亦即越权行为有效规则，公司对外签订的合同依然是有效的。

3. 股权质押有效，张三享有质权。因为已经按照规定办理了股权质押登记。

4. 丙仍然享有股权。因为丙已经办理了股权转让手续，且丙以其对大都房地产公司的股权出资时，大都房地产公司并未陷入破产，也不存在虚假出资。

5. 丁、戊可以通过向其他股东或第三人转让股权的途径退出公司，或通过联合提起诉讼，请求法院强制解散公司的途径保护自己的权益。

2010 年真题

▶ 案情

2007 年 2 月，甲乙丙丁戊五人共同出资设立北陵贸易有限责任公司（简称北陵公司）。公司章程规定：公司注册资本 500 万元；持股比例各 20%；甲、乙各以 100 万元现金出资，丙以私有房屋出资，丁以专利权出资，戊以设备出资，各折价 100 万元；甲任董事长兼总经理，负责公司经营管理；公司前五年若有利润，甲得 28%，其他四位股东各得 18%，从第六年开始平均分配利润。

至 2010 年 9 月，丙的房屋仍未过户登记到公司名下，但事实上一直由公司占有和使用。

公司成立后一个月，丁提出急需资金，向公司借款 100 万元，公司为此召开临时股东会议，作出决议如下：同意借给丁 100 万元，借期六个月，每月利息一万元。丁向公司出具了借条。虽至今丁一直未归还借款，但每月均付给公司利息一万元。

千山公司总经理王五系甲好友，千山公司向建设银行借款 1000 万元，借期一年，王五请求北陵公司提供担保。甲说："公司章程规定我只有300万元的担保决定权，超过了要上股东会才行。"王五说："你放心，我保证一年到期就归还银行，到时候与你公司无关，只是按银行要求做个手续。"甲碍于情面，自己决定以公司名义给千山公司的贷款银行出具了一份担保函。

戊不幸于2008年5月地震中遇难，其13岁的儿子幸存下来。

北陵公司欲向农业银行借款200万元，以设备作为担保，银行同意，双方签订了借款合同和抵押合同，但未办理抵押登记。

2010年5月，乙提出欲将其股份全部转让给甲，甲愿意受让。

2010年7月，当地发生洪水灾害，此时北陵公司的净资产为120万元，但尚欠万水公司债务150万元一直未还。北陵公司决定向当地的一家慈善机构捐款100万元，与其签订了捐赠合同，但尚未交付。

✎ 问题：

1. 北陵公司章程规定的关于公司前五年利润分配的内容是否有效？为什么？

2. 丙作为出资的房屋未过户到公司名下，对公司的设立产生怎样的后果？在房屋已经由公司占有和使用的情况下，丙是否需要承担违约责任？

3. 丁向公司借款100万元的行为是否构成抽逃注册资金？为什么？

4. 北陵公司于2010年8月请求丁归还借款，其请求权是否已经超过诉讼时效？为什么？

5. 北陵公司是否有权请求法院确认其向建设银行出具的担保函无效？为什么？

6. 戊13岁的儿子能否继承戊的股东资格而成为公司的股东？为什么？

7. 如北陵公司不能偿还农业银行的200万元借款，银行能否行使抵押权？为什么？

8. 乙向甲转让股份时，其他股东是否享有优先受让权？为什么？

9. 北陵公司与当地慈善机构的捐赠合同是否有效？为什么？万水公司可否请求法院撤销北陵公司的上述行为？为什么？

✎ 参考答案

1. 有效。公司法允许有限公司章程对利润作出不按出资比例的分配方法。

2. 不影响公司的有效设立。丙应当承担违约责任。

3. 不构成。经过股东会决议，签订了借款合同，形成丁对公司的债务。

4. 未超过。因为丁作为债务人一直在履行债务。

5. 无权。因保证合同是甲与银行之间的合同。

6. 能够。因为公司法并未要求股东为完全行为能力人。

7. 能够。设备抵押可以不办理登记。

8. 不享有。因为不是对外转让。

9. 有效。万水公司可以请求法院撤销北陵公司的捐赠行为，因其不履行债务而无偿转让财产，损害了万水公司的利益，符合合同法关于债的保全撤销权的条件。

主观模拟题

第一题

远大房地产有限公司（以下简称"远大公司"）成立于2012年5月，注册资本为5000万元，股东为李帅、道明、大鹏公司和彭林。持股比例依次为46%、28%、20%与6%。章程规定设立时各股东须缴纳10%的出资，其余在公司成立后3年内缴足；公司设立董事会与监事会，李帅担任董事长，道明担任总经理。各股东均按章程只实际缴纳了首付出资。公司主要从事住宅房地产的开发业务。由于房地产市场的持续稳健，公司一直处于盈利状态。

2014年4月，远大公司拟开发某市淡水湾项目，以1.2亿元的高价竞拍到总面积为2000亩的国有土地使用权。因感到流动性资金不足，公司遂与远鹏公司洽谈以期其对公司融资事宜。最后，远鹏公司以拟设立中的A公司的名义与远大公司签订《合作协议》，向远大公司增资1亿元。协议约定，先期缴纳8000万元，一年内再缴纳剩余的2000万元。8000万元缴纳后不久，A公司成立，远大公司办理了公司增资1亿元的注册资本金的变更登记和股东变更登记手续。因A公司成立后没有实际出资能力，所以一直没有缴纳剩下的2000万元。

2015年8月，彭林因要结婚急需现钱买房，征得公司其他股东的一致同意后，遂将其持有的远大公司6%的股权转让给了公司以外的第三人高旭，并对高旭谎称其出资已全部缴纳完毕，高旭信以为真，并办理了股东变更登记。

李帅由于资金不足不能完成向公司的后续出资，遂联系王阳投资。2015年4月和5月期间，王阳先后两次共出资1个亿交付给李帅，李帅为其开具了加盖远大公司公章的收款收据，其他股东对此并不知情，远大公司的章程和工商登记中未确认王阳的股东身份，王阳也一直没有参与公司的管理与分红。后王阳向公司主张确认其股东资格时，遭到公司拒绝。

由于远大公司投资淡水湾项目的失利，对于公司未来的发展战略的调整以及公司的改组等问题，李帅与大鹏公司发生了严重的冲突，大鹏公司早就对远大公司决策投资淡水湾项目心有不满，认为是董事长李帅在其中收受了好处，欺骗其他股东，并发现李帅销毁部分会计原始凭证，篡改会计账簿，遂向远大公司提出书面请求查阅并复制公司的会计账簿以及原始凭证。李帅认为大鹏公司也从事房地产开发业务，遂拒绝其查账请求。大鹏公司和远大公司矛盾冲突激烈，大鹏公司于2016年8月将全部股权低价转给天元网络科技有限公司。

2017年以来，由于受到国家提出的"房是用来住的，不是用来炒的"口号的影响，房地产市场处于低迷时期，远大公司也一直处于濒临破产的境地，变成了十足的"僵尸企业"。股东李帅对此甚为担忧，于2017年7月20日直接召集临时股东会，提议解散公司。远大公司于2017年8月10日召开了临时股东会，股东高旭因个人原因放弃出席股东会，其他出席会议股东一致表决同意解散公司。但在此决议作出后，高旭非常气愤，于2017年8月30日向法院提出撤销决议诉讼。

与此同时，远大公司因有一笔到期合同款未及时清偿，债权人王晨晨将远大公司诉至法院。大鹏公司和道明纷纷请求公司回购其股权。

✕ **问题：**

1. 对于 A 公司未能缴纳的剩下的 2000 万元出资，远大公司是否有权让远鹏公司补缴？为什么？

2. 若公司资不抵债，公司债权人王晨晨可否要求受让人高旭承担责任？为什么？

3. 王阳若起诉至法院请求公司确认其股东资格，能否得到法院支持？为什么？

4. 对于大鹏公司查阅会计账簿以及原始会计凭证的请求，远大公司是否可以拒绝？如果遭到拒绝，2016 年 9 月 1 日，大鹏公司在其全部股权转让后能否向法院提出查阅并复制远大公司财务会计账簿的诉讼？

5. 高旭是否可以向法院提出撤销决议诉讼？为什么？

6. 对于大鹏公司和道明要求公司回购其股权的请求，公司应该如何处理？为什么？

✎ **参考答案** ◢

1. 远大公司无权让远鹏公司补缴。根据《民法总则》第 75 条第 1 款规定："设立人为设立法人从事的民事活动，其法律后果由法人承受；法人未成立的，其法律后果由设立人承受，设立人为二人以上的，享有连带债权，承担连带债务。"远鹏公司以拟设立中的 A 公司的名义签订出资协议，后来，A 公司依法成立，则出资协议约定的权利义务当然由 A 公司承担，远鹏公司无须承担出资责任。

2. 高旭作为善意受让人，无须对债权人王晨晨承担责任。根据《公司法解释（三）》第18条第1款的规定："有限责任公司的股东未履行或者未全面履行出资义务即转让股权，受让人对此知道或者应当知道，公司请求该股东履行出资义务、受让人对此承担连带责任的，人民法院应予支持；公司债权人依照本规定第十三条第二款向该股东提起诉讼，同时请求前述受让人对此承担连带责任的，人民法院应予支持。"此案中，高旭是善意第三人，对受让的股权的出资瑕疵并不知情，无须对债权人王晨晨承担责任。

3. 王阳起诉确认其股东资格，不能得到法院支持。因为王阳仅仅是单纯出资行为，王阳未与原公司股东达成入股公司合意、未实际行使股东权利，所投资金未转化为公司资本，其他股东也并不知情，而且公司章程和工商登记也未登记王阳的股东身份，其与公司形成的是债权债务关系，不能请求确认其股东资格。

4. 远大公司对大鹏公司查阅会计账簿的请求并不是一概都可直接拒绝的。根据《公司法解释（四）》第8条规定："有限责任公司有证据证明股东存在下列情形之一的，人民法院应当认定股东有公司法第三十三条第二款规定的'不正当目的'：（一）股东自营或者为他人经营与公司主营业务有实质性竞争关系业务的，但公司章程另有规定或者全体股东另有约定的除外……"。公司不能以股东所经营的其他公司的经营范围与公司经营范围相同，就认定股东具有"不正当目的"，公司应该举证证明两者构成实质性业务竞争关系，股东查阅账簿是为了获取竞业利益，这才能否定股东的查阅权。不能仅仅因为大鹏公司也是从事房地产开发业务，就拒绝其查阅会计账簿以及原始会计凭证的请求。

《公司法解释（四）》第7条规定："股东依据公司法第三十三条、第九十七条或公司章程的规定，起诉请求查阅或者复制公司特定文件材料的，人民法院应当依法予以受理。公司有证据证明前款规定的原告在起诉时不具有公司股东资格的，人民法院应当驳回起诉，但原告有初步证据证明在持股期间其合法权益受到损害，请求依法查阅或者复制其持股期间的公司特定文件材料的除外。"如果大鹏公司能够举证李帅销毁部分会计原始凭证，篡改会计账簿，损害其合法利益，即使起诉时不具有股东资格，法院也应依法受理。

5. 《公司法》第39条第1款规定："股东会会议分为定期会议和临时会议。"第40条规定有限责任公司设立董事会的，股东会会议由董事会召集，董事会或者执行董事不能履行或者不履行召集股东会会议职责的，由监事会或者不设监事会的公司的监事召集和主持；监事会或者监事不召集和主持的，代表十分之一以上表决权的股东可以自行召集和主持。董事长李帅不能直接召集股东会，要经过董事会、监事会。因此，股东会的召集程序违反法律规定。根据《公司法》第22条第2款规定："股东会或者股东大会、董事会的会议召集程序、表决方式违反法律、行政法规或者公司章程，或者决议内容违反公司章程的，股东可以自决议作出之日起六十日内，请求人民法院撤销。"因此，股东高旭可以股东会召集程序违反法律规定为由提起股东会决议撤销诉讼，而不受高旭是否出席股东会的影响。

6. 公司有权拒绝大鹏公司和道明的股权回购请求。根据公司资本维持原则，股东一旦履行出资义务，不能随便抽回出资退出公司，只能在公司发生特定情形下投反对票的股东可以请求公司回购其股权退出公司，除此之外，股东无权要求公司回购其股权。根据《公司法》第74条的规定，股东有权请求公司回购其股权只限于以下三种情形：即公司连续5年不向股东分配利润，而公司该5年连续盈利，并且符合公司法规定的分配利润条件的；公司合并、分立、转让主要财产的；公司章程规定的营业期限届满或章程规定其他解散事由出现，股东会会议决议修改公司章程使公司存续的。

第二题

诺华有限公司成立于2015年，主要从事生物制药领域的研发。章程规定公司注册资本1000万元，有股东赵某、钱某、孙某、李某、周某，分别持股20%、35%、10%、20%、15%，钱某作为董事长和法定代表人。赵某以价值200万元的机器设备进行出资，公司成立后，发现机器设备实际价值只有100万元，明显评估不实。

2015年9月，股东李某生意场上资金链断裂，在没有通知其他股东的情况下，将自己在诺华有限公司的股权设立质押向银行借款，其他股东并不知情，后来案发。

2016年3月，刘某以自己是实际出资人，并且其他股东知晓此情形为由向公司主张自己是真正股东。由于和妻子闹离婚，不想让妻子知晓投资一事，与孙某签订了代持股协议，由孙某代持，从而主张直接享有分红权利。

从2015年成立至2017年，公司经营状况良好，但公司财务报告上一直显示没有任何盈利，也没有给股东分红。后来经股东赵某调查取证，是董事长钱某和财务总监陈圆圆关系亲密，恶意串通作假账，销毁隐匿财务原始凭证，股东赵某非常气愤，要求查阅和复制公司的财务会计账簿。

2016年5月，陈明见诺华有限公司发展势头良好，想投资200万元进入，与董事长钱某协商洽谈，获得钱某的同意，并就投资事项签订了书面协议，于次日将款项打入公司法人账户。但后来公司一直没有为陈明办理股东名册和工商登记变更手续，陈明事务繁忙，也未曾参加公司的股东会，未参与过表决和分红，其他股东也对陈明投资一事并不知晓。陈明非常气愤。2018年1月，陈明向法院直接提起诉讼请求确定自己的股东身份。

✕ 问题：

1. 如何评价赵某的出资行为？赵某是否要对其他股东承担违约责任？

2. 李某的股权质押行为是否有效？为什么？

3. 刘某是不是公司的股东，能否直接享有分红的权利？为什么？

4. 董事长钱某能否书面拒绝赵某查询和复制公司财务账簿等原始凭证？为什么？

5. 针对董事长钱某和财务总监陈圆圆的行为，其他股东应该如何进行法律救济？

6. 陈明是否是诺华有限公司的股东？为什么？

✎ 参考答案 ▰

1. 根据《公司法》第30条规定："有限责任公司成立后，发现作为设立公司出资的非货币财产的实际价额显著低于公司章程所定价额的，应当由交付该出资的股东补足其差额；公司设立时的其他股东承担连带责任。"赵某应该对评估不实的部分进行补缴，设立时的其他股东钱某、孙某、李某、周某和赵某一起对债权人承担对外的连带责任。而赵某无须对其他股东承担对内的违约责任。

2. 股权出质不需要其他股东同意，质权自工商行政管理部门办理股权出质登记时设立。但是实现质权时，便会发生股权转让，应当适用《公司法》对于股权转让的限制，涉及对外转让需要经过其他股东过半数同意，公司章程另有规定的除外。

根据《物权法》第226条规定，质权自工商行政管理部门办理股权出质登记时设立。根据实施配套规则《工商行政管理机关股权出质登记办法》第7条第1款的规定："申请股权出质设立登记，应当提交下列材料：（一）申请人签字或者盖章的《股权出质设立登记申请书》；（二）记载有出质人姓名（名称）及其出资额的有限责任公司股东名册复印件或者出质人持有的股份公司股票复印件（均需加盖公司印章）；（三）质权合同；（四）出质人、质权人的主体资格证明或者自然人身份证明复印件（出质人、质权人属于自然人的由本人签名，属于法人的加盖法人印章，下同）；（五）国家工商行政管理总局（现国家市场监督管理总局）要求提交的其他材料。"该办法并没有要求提交其他股东同意的书面材料。也就是说，只要办理了股权出质登记，股权质押即有效。

3. 刘某不是公司的股东。依据《公司法解释（三）》第24条第3款："实际出资人未经公司其他股东半数以上同意，请求公司变更股东、签发出资证明书、记载于股东名册、记载于公司章程并办理公司登记机关登记的，人民法院不予支持。"孙某作为名义股东才是公司真正股东，实际出资人刘某不能以自己是实际出资人为由，直接主张变更为公司股东，直接主张公司分红，需要经过公司其他股东半数以上同意，才能请求进行相关证明文件变更。

4. 赵某作为有限公司股东，享有法定知情权，可以向公司提出书面请求，在说明目的的前提下可主张查询，但不能复制公司会计账簿。公司不得以赵某出资存在瑕疵为由进行抗辩，从而拒绝赵某查询会计账簿的权利。依据《公司法解释（四）》第9条规定："公司章程、股东之间的协议等实质性剥夺股东依据公司法第三十三条、第九十七条规定查阅或者复制公司文件材料的权利，公司以此为由拒绝股东查阅或者复制的，人民法院不予支持。"依据《公司法》第33条第2款规定："股东可以要求查阅公司会计账簿。股东要求查阅公司会计账簿的，应当向公司提出书面请求，说明目的。公司有合理根据认为股东查阅会计账簿有不正当目的，可能损害公司合法利益的，可以拒绝提供查阅，并应当自股东提出书面请求之日起十五日内书面答复股东并说明理由。公司拒绝提供查阅的，股东可以请求人民法院要求公司提供查阅。"

5. 依据《公司法解释（四）》第12条规定，公司董事、高级管理人员等未依法履行职责，导致公司未依法制作或者保存相关的公司财务会计文件材料以及凭证，给股东造成损失，股东依法请求负有相应责任的公司董事、高级管理人员承担民事赔偿责任的，人民法院应当予以支持。此外，依据《公司法》第151条，针对董事长钱某和财务总监陈圆圆执行公司职务时违反法律、行政法规给公司造成损失的行为，诺华有限公司的股东可以先书面请求监事会或者监事进行起诉，如果监事会或者监事收到股东书面请求后拒绝提起诉讼，或者自收到请求之日起30日内未提起诉讼，或者情况紧急、不立即提起诉讼将会使公司利益受到难以弥补的损害的，诺华有限公司的股东可以代替公司的位，以自己的名义作为原告，以损害公司利益的钱某和陈圆圆为被告提起诉讼，诉讼的后果是钱某和陈圆圆应当对公司承担赔偿责任。

6. 陈明仅向公司投入资金，而未与原公司股东达成入股公司合意、未实际行使股东权利，所投资金未转化为公司资本，名字没有记载于股东名册，也没有进行工商登记变更，因此不是公司股东，只能初步认定为是债权人。依据《公司法》第32条第2、3款规定："记载于股东名册的股东，可以依股东名册主张行使股东权利。公司应当将股东的姓名或者名称向公司登记机关登记；登记事项发生变更的，应当办理变更登记。未经登记或者变更登记的，不得对抗第三人。"

第三题

2014年山水公司（有限责任公司）成立，主要从事服装加工业务，由股东甲、乙、丙、丁、戊组成，分别持股25%、10%、35%、25%、5%，由丙担任董事长并作为法定代表人。从设立之初，公司经营管理一直非常混乱，且一直没有开股东会。

2015年5月，股东乙因为手头资金紧张，在没有完全履行出资义务的情况下，就将股权转让给朋友李豪土，李豪土在明知乙没有履行出资义务的情况下，与其签订了股权转让协议接受其转让的股权。

股东甲和露露私情很好，一心想将股权转让给露露。

2016年1月，股东甲在未告知其他股东的情况下，与露露签订了股权转让合同，并在2016年1月28日，在丙的协助下，办理了股权变更登记手续。后此事在2017年2月1日被股东丁发现，并告知其他股东。

2016年6月，股东丙急需用钱，利用自己董事长的身份，和自己老婆开设的棉纺织厂虚构了一笔虚假的采购合同，利用职务之便指示公司财务直接向棉纺织厂转账付款，将自己全部的出资款项转出，而实际上山水公司根本没有采购该笔原料。

2017年年底，山水公司经营效益直线下滑，公司经营管理严重困难，股东丁、戊都非常不满。

到2018年1月，山水公司已经不能清偿到期债务，陷入资不抵债的严重困境中，遂向法院申请破产。法院经查明，股东乙尚有30万元的出资未实际缴付，但是山水公司因为其他业务对股东乙负有债务20万元。

问题：

1. 乙和李豪士之间签订的股权转让协议是否有效？为什么？这种转让会产生什么法律后果？

2. 其他股东对于甲和露露的股权转让行为，如何进行救济？股东丁能否提出甲和露露的股权主张转让合同无效的诉讼？

3. 丙构成什么行为？如果此事被其他股东发现，对丙催告缴纳返还，在合理期限内拒不返还，公司可以采取什么救济手段？

4. 2017年年底，股东丁、戊对公司经营管理都非常不满，应如何进行法律救济？

5. 股东乙能否以超过诉讼时效为由拒绝 30 万元的出资义务？为什么？

6. 股东乙能否主张 30 万元欠缴出资和自己对山水公司的 20 万元债权进行抵销，从而只履行 10 万元的出资义务？为什么？

✍️ **参考答案**

1. 乙和李豪土之间签订的股权转让协议有效。尽管股东乙没有全面履行自己的出资义务，但其股权也是可以转让的。依据《公司法解释（三）》第 18 条，即"有限责任公司的股东未履行或者未全面履行出资义务即转让股权，受让人对此知道或者应当知道，公司请求该股东履行出资义务、受让人对此承担连带责任的，人民法院应予支持"。这种转让的法律后果是，在李豪土知情的情况下，公司以及债权人可以要求知情的受让人李豪土对没有出资的部分承担连带责任，之后李豪土可向股东乙进行追偿。

2. 在股东甲和第三人露露剥夺其他股东优先购买权进行股权转让的情况下，其他股东可以自知道或者应当知道行使优先购买权的同等条件之日起 30 日内或者自股权变更登记之日起一年内主张按照同等条件购买该转让股权。2016年 1 月 28 日，在丙的协助下，股东甲和第三人露露办理了股权变更登记手续，2017 年 2 月 1 日，股东丁才发现，已经过一年，不能主张同等条件购买该转让股权，但非股东本人原因不能行使优先购买权，可以提起确认股权变动效力的请求，并主张损害赔偿。

依据《公司法解释（四）》第 21 条第 1、2 款规定："有限责任公司的股东向股东以外的人转让股权，未就其股权转让事项征求其他股东意见，或者以欺诈、恶意串通等手段，损害其他股东优先购买权，其他股东主张按照同等条件购买该转让股权的，人民法院应当予以支持，但其他股东自知道或者应当知道行使优先购买权的同等条件之日起三十日内没有主张，或者自股权变更登记之日起超过一年的除外。前款规定的其他股东仅提出确认股权转让合同及股权变动效力等请求，未同时主张按照同等条件购买转让股权的，人民法院不予支持，但其他股东非因自身原因导致无法行使优先购买权，请求损害赔偿的除外。"

3. 丙的行为构成抽逃出资。依据为《公司法解释（三）》第 12 条，即"公司成立后，公司、股东或者公司债权人以股东通过虚构债权债务关系将其出资转出的行为损害公司权益为由，请求认定该股东抽逃出资的，人民法院应予支持"。股东丙和自己老婆开设的棉纺织厂虚构债权债务关系将其全部出资转出，构成抽逃出资。

如果此事被其他股东发现，公司和其他股东可请求其向公司依法全面履行出资义务，其在合理期限内拒不返还，公司可以通过股东会决议解除丙的股东资格。依据为《公司法解释（三）》第 17 条，即"有限责任公司的股东未履行出资义务或者抽逃全部出资，经公司催告缴纳或者返还，其在合理期间内仍未缴纳或者返还出资，公司以股东会决议解除该股东的股东资格，该股东请求确认该解除行为无效的，人民法院不予支持"。

4. 山水公司经营管理严重困难，连续 3 年没有开股东会，通过其他途径不能解决的，股东丁可以请求法院解散公司。戊不能单独请求法院解散公司，可以与丁一起向法院请求解散公司。《公司法》第182条规定："公司经营管理发生严重困难，继续存续会使股东利益受到重大损失，通过其他途径不能解决的，持有公司全部股东表决权百分之十以上的股东，可以请求人民法院解散公司。"丁持股25%，可以单独向法院请求解散公司。戊持股5%，不能单独向法院请求解散公司，可以和丁一起向法院请求解散公司。

5. 股东乙不能以超过诉讼时效为由拒绝30万元的出资义务。股东的出资义务，不适用诉讼时效。依据为《公司法解释（三）》第19条第1款，即"公司股东未履行或者未全面履行出资义务或者抽逃出资，公司或者其他股东请求其向公司全面履行出资义务或者返还出资，被告股东以诉讼时效为由进行抗辩的，人民法院不予支持"。

6. 股东乙不能主张30万元欠缴出资和自己对山水公司的20万元债权进行抵销。依据为《破产法解释（二）》第46条，即"债务人的股东主张以下列债务与债务人对其负有的债务抵销，债务人管理人提出异议的，人民法院应予支持：（一）债务人股东因欠缴债务人的出资或者抽逃出资对债务人所负的债务；（二）债务人股东滥用股东权利或者关联关系损害公司利益对债务人所负的债务"。

第四题

大兴有限公司成立于2010年4月，注册资本5000万元，股东为董建、李顺、张平与刘程，持股比例依次为40%、40%、15%与5%。公司章程规定设立时各股东须首次缴纳30%的出资，其余在10年内缴足。公司不设董事会与监事会，董建担任执行董事。各股东均已按章程实际缴纳首批出资。大兴公司主要从事影视传媒业务，经营效益很好，公司一直处于盈利状态。

2014年4月10日，大兴公司欲收购白龙马模特公司，召开股东会对此事进行表决，在股东会上董建、张平与刘程表示同意并在股东会决议上签字，李顺对此事极力反对，觉得会影响公司业务发展，在股东会表决时投了反对票。决议后，2014年4月20日，在大兴公司住所地江苏省南京市的《江苏经济报》上发布了《合并公告》。后来，大兴公司基于此决议收购了白龙马公司。

2014年6月20日，合并前大兴公司的债权人，住所地位于广州市的金元宝有限公司以大兴公司合并，未通知其为理由，准备起诉确认大兴公司的合并行为无效。

大兴公司从成立以来经营状况非常好，处于持续盈利状况，但到2015年年底，一直不向股东分配利润，股东张平很不满，准备向法院起诉要求分配大兴公司多年积累的利润。

2016年开始，由于受娱乐影视领域政策的影响，大兴公司经营效益持续下滑。2016年10月，大兴公司对华泰银行的一批2000万元的到期贷款无法清偿，经银行多次催告，大兴公司仍无法清偿。2016年12月，华泰银行要求没有完全履行出资义务的股东刘程对大兴公司不能清偿的到期贷款在未出资本息范围内承担补充赔偿责任。

由于大兴公司从2016年开始，效益一直下滑，对外大规模负债，股东、董事之间存在严重意见、分歧和矛盾，对公司怠于履行义务，疏于经营管理，导致大兴公司未参加年检，于2017年8月10日被工商部门吊销营业执照。大兴公司被吊销营业执照后，一直没有进行公司清算，后来经查证，是因为董建、李顺、张平疏忽，导致大兴公司主要财产、账册、重要文件等灭失，无法进行清算。2018 年 1 月，债权人华泰银行欲对大兴公司进行追责。

问题：

1. 大兴公司的合并决议效力如何？对此合并持反对意见的李顺应该如何救济？

2. 大兴公司合并依法应履行哪些程序？债权人金元宝有限公司是否有权起诉确认大兴公司的合并行为无效？为什么？

3. 股东张平是否可以向法院起诉要求分配公司多年积累的利润？如果起诉要求分配公司利润，有哪些具体要求？如果股东张平对大兴公司不分配利润很不满，心灰意冷准备退出，转让股权又没有找到合适人选，还可以如何进行救济？

4. 在 2016 年 12 月，华泰银行能否要求刘程在未出资本息范围内对大兴公司不能清偿的到期贷款承担补充赔偿责任？为什么？

5. 债权人华泰银行如何对大兴公司进行追责？

参考答案

1. 股东会的合并决议不成立。根据《公司法》第 43 条第 2 款规定："股东会会议作出修改公司章程、增加或者减少注册资本的决议，以及公司合并、分立、解散或者变更公司形式的决议，必须经代表三分之二以上表决权的股东通过。"《公司法解释（四）》第 5 条第（四）项规定："股东会或者股东大会、董事会决议存在下列情形之一，当事人主张决议不成立的，人民法院应当予以支持：……（四）会议的表决结果未达到公司法或者公司章程规定的通过比例的。"大兴公司股东董建、张平与刘程共持股比例为60%，未达到对公司合并表决权三分之二以上的要求，作出的股东会决议未达到《公司法》规定的通过比例，因此，决议不成立。

股东李顺可以作为原告，以公司为被告提起合并的股东会决议不成立的诉讼。

2. 大兴公司的合并应履行如下程序：（1）应编制资产负债表及财产清单。（2）公司应当自作出合并决议之日起10日内通知债权人，并于30日内在报纸上公告。（3）债权人自接到通知书之日起30日内，未接到通知书的自公告之日起45日内，可以要求公司清偿债务或者提供相应的担保。（4）应向公司登记机关提交相关文件，办理变更登记。（5）应修改公司章程。

债权人金元宝有限公司无权起诉确认大兴公司的合并行为无效。此案中，大兴公司只是在自己的住所地江苏省南京市的《江苏经济报》上发布了《合并公告》，没有通知债权人，即住所地位于广州市的金元宝有限公司。而按照《公司法》的规定，公司合并通知债权人和公告，二者缺一不可。因此，大兴公司的做法违反程序上的规定，但《公司法》并未规定此种情况下，债权人具有阻止或否定合并的权利。根据《公司法》第174条规定："公司合并时，合并各方的债权、债务，应当由合并后存续的公司或者新设的公司承继。"债权人只可以要求合并后的公司承担清偿责任。

3. 根据《公司法解释（四）》第15条规定："股东未提交载明具体分配方案的股东会或者股东大会决议，请求公司分配利润的，人民法院应当驳回其诉讼请求，但违反法律规定滥用股东权利导致公司不分配利润，给其他股东造成损失的除外。"股东张平需提交载明具体分配方案的股东会决议，可以公司为被告提起利润分配请求权诉讼。但是如果张平能够举证股东具有违反法律规定滥用股东权利导致公司不分配利润，给其他股东造成损失的情形，不提交载明分红方案的股东会决议，也可以提起利润分配请求权诉讼。

张平可以通过对股东会上不向股东分配利润的决议投反对票，要求大兴公司回购其所持有的股权。如果股东会决议通过之日起60日内，张平与公司不能达成股权收购协议，张平可以自股东会决议通过之日起90日内向法院提起诉讼确定股权回购的相应条件。

4. 根据《公司法解释（三）》第13条的规定，公司债权人请求未履行或者未全面履行出资义务的股东在未出资本息范围内对公司债务不能清偿的部分承担补充赔偿责任的，人民法院应予支持。但是，股东对债权人的这种补充赔偿责任，是针对认缴资本制度下公司章程规定的缴付期限到来，股东仍未履行或者未全面履行出资义务而言的。本案中，大兴公司成立于2010年4月，章程规定设立时各股东须首次缴纳30%的出资，其余在10年内缴足。也就是说股东刘程的全部出资实际到位的时间是2020年4月，章程所约定的出资期限尚未到期，故在2016年12月，债权人华泰银行不能在大兴公司无力清偿的情况下，要求将刘程的出资义务加速到期，在未出资本息范围内对大兴公司不能清偿的到期贷款承担补充赔偿责任。

5. 根据《公司法解释（二）》第18条第2款的规定："有限责任公司的股东、股份有限公司的董事和控股股东因怠于履行义务，导致公司主要财产、账册、重要文件等灭失，无法进行清算，债权人主张其对公司债务承担连带清偿责任的，人民法院应依法予以支持。"

大兴公司股东对被吊销营业执照的大兴公司长期未进行清算的，怠于履行义务，导致大兴公司主要财产、账册、重要文件等灭失可认定构成怠于履行清算义务。债权人可要求大兴公司的股东对公司债务承担连带清偿责任。

第五题

如愿有限公司（以下简称如愿公司）成立于2013年4月，注册资本为3000万元，股东为戴旭、高丽、王扬、赵悦、孙山，持股比例依次为40%、20%、20%、10%、10%，公司章程约定公司成立时股东一次性缴清到位。戴旭以一处价值1200万元的厂房进行出资；高丽以持有的山水公司股权进行出资，经过评估为600万元并且办理了股权变更登记；王扬以一处房产进行出资，经评估作价为600万元后办理了过户登记；赵悦和孙山各以300万元货币进行出资。后来经过查证，在2013年3月，戴旭就将厂房交给公司进行使用，但到2014年仍然没有过户；后来山水公司经营不善，于2019年1月被法院受理破产申请，发现财产不足以支付破产费用；王扬出资的房产是2010年在他作为国家公职人员时的受贿所得，但公司对此毫不知情。

如愿公司设立董事会、不设监事会，戴旭担任董事长和法定代表人，高丽、王扬担任董事，高丽担任总经理，赵悦、孙山担任监事。公司章程规定公司董事长、董事在任职期间不得转让股权；与公司签订劳动合同的股东一旦离开公司，公司有权回购其股权，并对此股权回购约定了具体事项。如愿公司的业务主要从事生物科技，公司经营状况良好，一直处于盈利状态，但为了将来扩大经营范围需要，一直未分红。

2016年5月，王扬将自己3%的股权转让给艾利，并且签订了股权转让协议。孙山对此极力反对，以违反公司章程规定，且艾利购买股权的货币出资来源违法为由，主张此股权转让协议无效。

2016年8月，高丽因全家要移民加拿大向公司提出辞职，准备离开公司，公司要求回购其所持有的本公司股份，高丽不同意，与公司产生激烈纠纷。

2017年2月，股东王扬怀疑董事长戴旭渎职，公司财务会计资料存在造假问题，因此向法院直接提出查阅和复制公司财务会计账簿和原始凭证的诉讼请求。

2017年10月，如愿公司以支付工程款名义向德凯公司汇款1000万元，戴旭和财务总监袁玉在该笔款项的资金使用申请单上签字。经查证，如愿公司与德凯公司没有工程合同关系，德凯公司的控股股东实为戴旭。

2018年2月10日，赵悦未通知其他股东，私下与董事长戴旭串通，伪造相关材料，与李华签订了股权转让协议，并于当年3月8日办理了股权变更登记。2019年4月7日，其他股东才知道此事。

2019年以来，如愿公司股东、董事之间存有激烈的意见分歧和矛盾，孙山对于一直不分红极为不满，准备离开公司。其他股东也忙于行使权利，戴旭、高丽、王扬疏于经营管理，导致公司未参加年检，2019年6月10日被市场监管部门吊销营业执照。在公司被吊销营业执照后，一直没有进行公司清算，后来经查证，是因为股东怠于履行义务，导致公司会计账簿灭失，从而无法进行清算，债权人无法得以清偿。

✎ 问题：

1. 如何评价股东戴旭、高丽和王扬的出资行为及法律效果？

2. 王扬和艾利的股权转让协议是否有效？为什么？

3. 公司是否可以回购高丽的股权？为什么？

4. 王扬的请求能否得到支持？为什么？

5. 戴旭和袁玉的行为如何评价？应如何承担法律责任？

6. 赵悦和李华的股权转让行为，其他股东能否行使优先购买权？其他股东如何救济？

7. 孙山能否退出公司？为什么？

8. 对于公司无法进行清算，债权人如何进行救济？

✎ 参考答案

1. （1）股东戴旭出资：股东戴旭以非货币财产厂房出资，应当依法办理其财产权的转移手续。根据《公司法解释（三）》第 10 条第 1 款的规定，出资人戴旭应在人民法院指定的合理期间内办理权属变更手续；在前述期间内办理了权属变更手续的，应当认定其已经履行了出资义务；有权主张自实际交付财产给公司使用时享有相应股东权利。如果没有在人民法院指定的合理期间内办理权属变更手续的，应认定其未履行出资义务。

（2）股东高丽出资：高丽可以股权出资，经过评估并且办理了股权变更登记，合法有效。根据《公司法解释（三）》第 15 条的规定，高丽于 2013 年 4 月公司成立时以符合法定条件的股权出资，在出资后，因市场变化或者其他客观因素导致出资财产贬值，除非当事人另有约定，出资人无须承担补足出资的责任。

（3）股东王扬的出资：王扬以受贿所得的房产出资设立公司，属于无权处分。根据《公司法解释（三）》第7条第1款规定，出资人以不享有处分权的财产出资，当事人之间对于出资行为效力产生争议的，人民法院可以参照善意取得予以认定。因此，如愿有限公司可以善意取得王扬用于出资的房产，王扬取得相应的股权。

2. 有效。（1）虽然如愿公司章程规定，董事长和董事任职期间不得转让股权，此章程规定合法有效。（2）但作为董事的王扬和艾利之间进行的股权转让行为，仅仅是违反了公司章程的规定，并不属于违反《合同法》第52条法律、行政法规强制性规定的情形，因此，股权转让协议有效。此外，为了保护交易安全，艾利货币出资来源违法，并不影响股权转让协议的效力。

3. 可以。（1）根据《公司法》第11条的规定，公司章程系公司设立时全体股东一致同意并对公司及全体股东产生约束力的规则性文件。高丽在公司章程上签名的行为，应视为其对"人走股留"的认可和同意，该章程对如愿公司及高丽均产生约束力。（2）基于有限责任公司的封闭性和人合性，公司章程作出"人走股留"的规定是对公司股东转让股权的限制，而不是完全禁止，并未违反公司法强行性规定，是公司自治原则的体现。因此，公司章程的该约定有效，当高丽离开公司时，公司有权回购高丽的股份。

4. 不能得到法院支持。（1）根据《公司法》第33条的规定，有限公司股东可以要求查阅公司会计账簿。股东要求查阅公司会计账簿的，应当向公司提出书面请求，说明目的。公司可以不正当目的为理由，书面拒绝。（2）因此，王扬不能直接向法院提起关于财务会计账簿的查阅诉讼，要首先向公司提出请求，用尽公司内部救济。

5.（1）作为法定代表人的股东戴旭，在财务总监袁玉的协助下，虚构债权债务关系，在资金使用申请单上签字将其出资转入自己控股的另一家公司，属于抽逃出资的行为。（2）《公司法解释（三）》第14条规定，股东抽逃出资，公司债权人可请求抽逃出资的股东在抽逃出资本息范围内对公司债务不能清偿的部分承担补充赔偿责任、协助抽逃出资的其他股东、董事、高级管理人员或者实际控制人对此承担连带责任。因此，抽逃出资的股东戴旭在抽逃出资的本息范围内对公司债务不能清偿的部分承担补充赔偿责任，协助抽逃出资的财务总监袁玉对此承担连带责任。

6.（1）不能行使优先购买权。（2）理由：①《公司法解释（四）》第21条第1款规定，有限责任公司的股东向股东以外的人转让股权，未就其股权转让事项征求其他股东意见，损害其他股东优先购买权，其他股东可主张按照同等条件购买该转让股权，但自股权变更登记之日起超过一年的除外。②本案中，2018年2月10日，赵悦在未通知其他股东的情况下与李华签订了股权转让协议，并于当年3月8日办理了变更登记。2019年4月7日，其他股东才知道此事，自股权变更登记之日起已过一年，不能要求行使同等条件下优先购买权。③根据《公司法解释（四）》第21条第2款规定，其他股东非自身原因不能行使优先购买权，可以提出股权转让无效的诉讼，并向赵悦主张损害赔偿。

7. 根据《公司法》第 74 条的规定，公司连续五年不向股东分配利润，而公司该五年连续盈利，并且符合本法规定的分配利润条件的，对股东会该项决议投反对票的股东可以请求公司按照合理的价格收购其股权。如愿公司于 2013 年成立到 2019 年，持续盈利，一直不分红，股东孙山可以基于股东会上对不分红的决议持有异议，从而要求公司回购股权退出公司。

8.（1）根据《公司法解释（二）》第 18 条第 2 款规定："有限责任公司的股东、股份有限公司的董事和控股股东因怠于履行义务，导致公司主要财产、账册、重要文件等灭失，无法进行清算，债权人主张其对公司债务承担连带清偿责任的，人民法院应依法予以支持。"（2）此案中，如愿公司股东怠于履行清算义务，导致公司会计账簿灭失，从而无法进行清算，债权人可要求公司股东对其债务承担连带清偿责任。

第六题

2010 年 1 月，甲、乙、丙、丁、戊共同出资设立宏图有限责任公司（以下简称宏图公司），从事高端芯片的研发与生产。该公司注册资本为 5000 万元，各股东的认缴出资比例为 30%、30%、26%、10%、4%。公司不设立董事会和监事会，甲为公司执行董事同时担任法定代表人，丁作为公司监事。出于对高科技芯片技术的保密和公司行业竞争力的考虑，公司章程规定经全体股东同意，方可对财务会计账簿进行查询。

2013 年 5 月，由于国际局势的影响，公司的芯片研发工作举步维艰，乙对芯片行业失去信心，遂把自己的股权转让与王洋，并签订了《股权转让协议》，其他股东均表示同意，王洋支付了股权转让的款项，在还没有修改公司章程和股东名册并进行变更登记时，王洋突发交通事故意外去世。为此，王洋的唯一继承人 13 岁的儿子王磊和王洋前妻就股东身份问题与公司发生争议。

2014 年 1 月由于戊的其他投资项目失败，其债权人罗大浩追索其债权，欲把宏图公司的一台高精尖的设备拿去拍卖，为此，罗大浩与宏图公司产生争执。经查，该设备在戊作为向宏图公司出资以前，就已抵押给了罗大浩，双方签订了抵押合同但并未登记。

2016 年 3 月，公司经营管理状况逐步恶化，执行董事甲和监事丁以远低于市场价的价格将公司的大部分资产卖与甲的妻子担任董事长的大发公司，并篡改财务会计账簿，销毁相关原始凭证。其他股东后来经过调查发现此事，非常气愤，与甲和丁闹得不可开交，戊欲直接起诉甲和丁。丙准备向公司提出查阅和复制财务会计账簿的请求，公司以甲不同意，此请求违反公司章程规定为理由拒绝。

2017 年，公司经营效益持续下滑，欠下债权人李多宝 200 万元的货款到期不能清偿。2017 年 2 月，公司欲减少注册资本 100 万元，经股东会决定股东丁出资额 185 万元减少至 85 万元，随后，公司只在其所在地的《扬子晚报》上刊登了减资公告，并办理了变更登记，债权人没有及时知晓公司减少注册资本，最终导致未获得清偿。

2018 年 5 月，公司巨额亏损，多个债权人一同向法院申请宏图公司破产，法院于 2018 年 6 月受理破产申请，在核实债权时，发现债权人鼎辉公司对宏图公司有一笔债权2018年4月到期，但宏图公司在2017年11月就提前对鼎辉公司进行了清偿。其他债权人非常气愤，要求管理人对此行为向法院请求撤销。

🎓 问题：

1. 王磊能否成为公司股东？为什么？

2. 罗大浩是否有权对该高精尖的技术设备行使抵押权以实现自己的债权？为什么？

3. 戊是否可以直接起诉甲和丁？为什么？

4. 丙的请求能否得到支持？为什么？

5. 债权人李多宝如果及时知晓宏图公司减少注册资本，是否可以提出异议？本案中李多宝应如何寻求救济？

6. 管理人对宏图公司向鼎辉公司清偿债务的行为能否向法院请求予以撤销？为什么？

📝 参考答案

1. 王磊可以成为公司股东。（1）王洋自宏图公司股东乙受让股权，并签订了《股权转让协议》，其他股东亦均表示同意，王洋也支付了股权转让的款项。因此，虽然尚未修改公司章程和股东名册并进行变更登记，王洋仍然取得了宏图公司的股权。（2）《公司法》第75条规定："自然人股东死亡后，其合法继承人可以继承股东资格；但是，公司章程另有规定的除外。"因此，在公司章程没有例外规定的情形下，自然人股东王洋死亡后，他的合法继承人王磊可以继承股东资格，且不受有无民事行为能力的限制。

2. 罗大浩无权对该设备行使抵押权，因为该设备已由宏图公司善意取得。《担保法》第43条规定："当事人以其他财产抵押的，可以自愿办理抵押物登记，抵押合同自签订之日起生效。当事人未办理抵押物登记的，不得对抗第三人。当事人办理抵押物登记的，登记部门为抵押人所在地的公证部门。"动产抵押权不需要办理抵押权的登记，只要抵押合同成立并生效，则抵押权即可设立，但是未办理抵押登记的动产抵押权不能对抗善意的第三人。戊作为出资的该设备虽然设立了抵押权，但由于没有办理抵押登记，并且公司不知情，即公司为善意的第三人，故该设备由公司善意取得，罗大浩无权对该高精尖的技术设备行使抵押权以实现自己的债权。

3. 戊可以直接起诉甲和丁。（1）甲作为公司执行董事以远低于市场价的价格将公司的大部分资产出售给其妻子担任董事长的大发公司，损害公司利益，通常情况下，股东戊不能直接以侵犯公司利益的执行董事甲为被告提起诉讼，需要书面请求公司监事丁向法院起诉。只有经过了此前置程序，监事不起诉或者怠于提起诉讼，股东戊才有权提起代位诉讼，起诉损害公司利益的甲。（2）根据《公司法》第151条第2款的规定，情况紧急、不立即提起诉讼将会使公司利益受到难以弥补的损害的，有限责任公司的股东有权为了公司的利益以自己的名义直接向人民法院提起诉讼。本案中，执行董事甲和监事丁恶意串通损害公司利益，戊以执行董事与监事作为共同被告，为及时维护公司利益，可免除戊履行前置程序的义务。

4. 丙的查阅财务会计账簿的诉讼请求可以得到支持，但是复制财务会计账簿的请求不能得到支持。（1）《公司法解释（四）》第 9 条规定，公司章程、股东之间的协议等不能实质性剥夺股东知情权。因此，宏图公司章程关于"经全体股东同意，方可对财务会计账簿进行查询"的规定应为无效。（2）根据《公司法》第 33 条第 2 款的规定，有限责任公司股东可以要求查阅公司会计账簿，但无权要求复制。

5. 债权人李多宝不可以提出异议。（1）根据《公司法》第 177 条第 2 款的规定，债权人有权自接到通知书之日起 30 日内，未接到通知书的自公告之日起 45 日内，有权要求公司清偿债务或者提供相应的担保，但不能提出异议。（2）根据《公司法》第 177 条第 2 款的规定，公司应当自作出减少注册资本决议之日起 10 日内通知债权人，并于 30 日内在报纸上公告。宏图公司减资时只在其所在地的《扬子晚报》上刊登了减资公告，并没有通知债权人，导致债权人李多宝未获清偿。因此，李多宝有权要求丁在减资的范围内对公司债务不能清偿的部分承担补充赔偿责任。

6. 不能撤销。（1）《破产法解释（二）》第 12 条规定："破产申请受理前一年内债务人提前清偿的未到期债务，在破产申请受理前已经到期，管理人请求撤销该清偿行为的，人民法院不予支持。但是，该清偿行为发生在破产申请受理前六个月内且债务人有企业破产法第二条第一款规定情形的除外。"（2）法院于 2018 年 6 月受理了对于宏图公司的破产申请，虽然宏图公司在 2017 年 11 月（破产申请受理前 1 年内，但不在破产申请前 6 个月内）提前清偿了对鼎辉公司的债务，但债权人鼎辉公司的债权在 2018 年 4 月到期（破产申请受理前已经到期）。因此，管理人对宏图公司向鼎辉公司清偿债务的行为不能向法院请求撤销。

第七题①

2013 年 3 月，远舰公司、若辉化工公司签订了一份建设工程施工合同，合同约定：若辉化工公司将其新建的厂区土建、安装工程发包给远舰公司施工，合同价款 800 万元，以实际工程结算为准。2013 年 9 月复工，在施工过程中由于若辉化工公司不能按时付款，工程进展缓慢，远舰公司顶住巨大资金压力，到 2014 年已将若辉化工公司厂区的厂房等主体工程全部完工，但若辉化工公司却不能按合同约定支付工程款。2017 年 8 月 15 日因若辉化工公司不能清偿到期债务，宏兴公司向甲市中级人民法院申请被告破产还债，甲市中级人民法院于 2017 年 8 月 25 日作出〔2017〕甲民二破字第 00001 号民事裁定，裁定受理申请人宏兴公司对若辉化工公司的破产申请。管理人接管了若辉化工公司的全部资料，通过梳理、审查等，管理人制作了若辉化工公司财产清查报告，并在第一次债权人会议上宣读。经查：若辉化工公司共有现金 1500 元，银行存款 350 万元，小车 4 辆，持有山阳公司和蒙发公司两家非上市公司股权、针对绿野公司等债务人的 15 笔应收债权合计 1000 万元，若辉化工公司新厂区的土地使用权已经抵押给债权人建设银行甲市分行。各债权人分别对上述是否属于债务人的财产以及股权等价值如何判断发表了意见，各债权人无法形成统一共识。经调查，下列情

---

① 《2019 国家统一法律职业资格考试案例分析指导用书·下册》，法律出版社 2019 年版，第 212 ~ 218 页。

况属实：

（1）经甲市诚信审计事务所对远舰公司施工的工程进行审计确认，远舰公司施工的工程总造价为1500万元，扣除若辉化工公司已支付工程款500万元，尚欠1000万元工程款未付。由于远舰公司施工的工程尚未竣工，属在建工程，且该施工确实是若辉化工公司拖欠工程款致使工程至今无法竣工，远舰公司已经向若辉化工公司破产管理人蒙大律师事务所申报债权1000万元。

（2）通过各债权人申报债权，并经管理人蒙大律师事务所审查确认，若辉化工公司现欠宏兴公司债务1000万元；欠建设银行甲市分行3000万元；欠绿野公司500万元；欠洪兴建材公司2000万元。

（3）管理人蒙大律师事务所直到远舰公司于2017年9月起诉时，未对若辉化工公司与远舰公司之间的合同履行情况明确表态。

（4）若辉化工公司拖欠大田公司的货款200万元，大田公司已经申请甲市某区法院于2017年3月25日执行完毕，执行法院已经从若辉化工公司将货款200万元以及逾期利息30万元执行划扣至法院账户。

（5）若辉化工公司拖欠大地公司货款300万元，于2017年2月10日到期，若辉化工公司于2016年12月4日即提前清偿了该笔债务。

（6）若辉化工公司的技术人员孟强在工作中发生事故，孟强痊愈后，于2017年10月离职，若辉化工公司依法须在其离职时支付工资和劳动补偿金共计20万元。

（7）绿野公司欠若辉化工公司应付货款500万元，尚未到期，若辉化工公司拖欠绿野公司 250 万元费用，已经到期；绿野公司于 2016 年 10 月 10 日受让若辉化工公司债权人鼎辉公司的债权 250 万元，现绿野公司向管理人主张以其享有的债权抵销若辉化工公司的债务。

（8）2017 年 7 月 25 日，若辉化工公司将租用蓝天公司的机器设备出售给不知情的翡翠公司；2017 年 9 月 25 日，若辉化工公司将绿地公司出租给其的机器设备出售给不知情的钻石公司，现蓝天公司和绿地公司均要求将其机器设备损失作为共益债务清偿。

（9）若辉化工公司的债权人、抵押权人建设银行甲市分行欲行使抵押权获得清偿。

（10）甲市中级人民法院于 2018 年 3 月 15 日宣告若辉化工公司破产，并依法进行了财产分配；此时远在蒙古国的迪奥公司向管理人声称因一直未获知若辉化工公司的相关信息，其享有对若辉化工公司的 500 万元货款债权于 2018 年 3 月 1 日到期，要求参加破产财产的分配。经管理人审核，该项债权属实。

✖ 问题：

1. 现债权人远舰公司主张，其债权应在若辉化工公司破产财产中优先受偿并向法院起诉请求确认原告远舰公司申报的 1000 万元的债权享有对被告破产财产分配的优先受偿权；而若辉化工公司答辩称，若辉化工公司已宣告破产，对外债权数额总额达近 1 亿元，但资产数只有 4000 万～5000 万元，若远舰公司享有优先受偿权，其他债权人将无财产分配。请分析远舰公司的主张是否有理？

2. 管理人蒙大律师事务所对于若辉化工公司与远舰公司之间的合同一直没有表态，此时如何认定远舰公司与若辉化工公司之间的承包合同的状况？

3. 蒙大律师事务所欲依法主张针对大田公司通过法院执行的债权的撤销权，大田公司以其债权已经法院执行完毕为由拒绝，管理人蒙大律师事务所能否对大田公司的该债权主张撤销权？

4. 若辉化工公司提前清偿大地公司的货款，管理人蒙大律师事务所欲主张撤销权，是否可以？

5. 孟强现要求管理人优先并立即支付其工资和劳动补偿金，管理人要求孟强向管理人申报债权，并在破产宣告后依法参与分配，该做法是否合法？

6. 绿野公司的主张抵销债务的做法是否符合法律规定？为什么？

7. 蓝天公司和绿地公司的主张是否合法？为什么？

8. 抵押权人建设银行在债权申报后即要求行使抵押权，针对抵押物优先受偿的请求是否成立？

9. 迪奥公司的主张是否能够实现？为什么？

解题思路

判断一：根据题干，本题应当属于公司破产清算中的相关法律问题。远舰公司的债权属于行使《合同法》第286条规定的承包人的优先受偿权。因债务人若辉化工公司的原因致使建设工程无法按期竣工，在承包人远舰公司已经完成了主体工程的情形下，发包人若辉化工公司无法支付工程款，此时承包人远舰公司针对建设工程处置的价款享有优先受偿权。对于建设工程施工合同的状态，则须依据《破产法》中关于破产申请受理的法律后果的规定来判断。

判断二：有关破产撤销权的行使关乎债务人责任财产的范围和债权人公平清偿利益的保护。可撤销的行为分为破产欺诈行为的撤销和个别清偿行为的撤销。依据《破产法》第 31 条规定，人民法院受理破产申请前 1 年内，涉及债务人财产的下列行为，管理人有权请求人民法院予以撤销：第一，无偿转让财产的；第二，以明显不合理的价格进行交易的；第三，对没有财产担保的债务提供财产担保的；第四，对未到期的债务提前清偿的；第五，放弃债权的。第 32 条规定，人民法院受理破产申请前 6 个月内，债务人有《破产法》第 2 条第 1 款规定的情形，仍对个别债权人进行清偿的，管理人有权请求人民法院予以撤销。但是，个别清偿使债务人财产受益的除外。第 33 条规定，涉及债务人财产的下列行为无效：第一，为逃避债务而隐匿、转移财产的；第二，虚构债务或者承认不真实的债务的。第 34 条规定，因《破产法》第 31 条、第 32 条或者第 33 条规定的行为而取得的债务人的财产，管理人有权追回。另外，《最高人民法院关于适用〈中华人民共和国破产法〉若干问题的规定（二）》（以下简称《破产法解释（二）》）对于撤销权行使的细则有详细的明确规定。

判断三：抵押权等相关权利的行使，均需要受限于破产程序的进行。一般须在破产宣告之后或者是依法重整之后方可行使抵押权。

本案例时间轴如下：

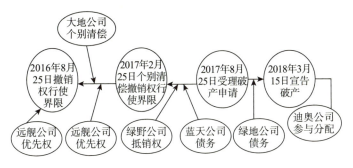

本案当事人间的法律关系如下图所示：

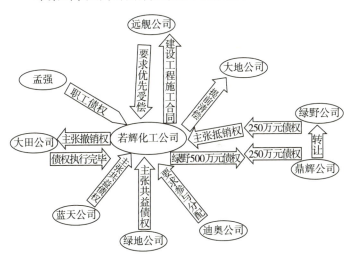

1. 远舰公司有权主张针对由其承包建设的若辉化工公司的建设工程价款享有优先受偿权。根据《合同法》第286条规定，发包人未按照约定支付价款的，承包人可以催告发

包人在合理期限内支付价款。发包人逾期不支付的，除按照建设工程的性质不宜折价、拍卖的以外，承包人可以与发包人协议将该工程折价，也可以申请人民法院将该工程依法拍卖。建设工程的价款就该工程折价或者拍卖的价款优先受偿。《最高人民法院关于建设工程价款优先受偿权问题的批复》第1条规定，人民法院在审理房地产纠纷案件和办理执行案件中，应当依照《合同法》第286条的规定，认定建筑工程的承包人的优先受偿权优先于抵押权和其他债权。

2. 管理人蒙大律师事务所对于远舰公司与若辉化工公司之间的建设工程承包合同没有表态，依据《破产法》第18条之规定，该合同视为已经解除。

现没有证据证明在工程停工后至法院受理破产申请前，双方签订的建设施工合同已经解除或终止履行；也没有证据证明在法院受理破产申请后，破产管理人决定继续履行合同。根据《破产法》第18条规定，人民法院受理破产申请后，管理人对破产申请受理前成立而债务人和对方当事人均未履行完毕的合同有权决定解除或继续履行，并通知对方当事人。管理人自破产申请受理之日起2个月内未通知对方当事人，或者自收到对方当事人催告之日起30日内未答复的，视为解除合同。故本案所涉建设工程施工合同在法院受理破产申请后已实际解除，本案建设工程无法正常竣工。

3. 蒙大律师事务所不能撤销对债务人若辉化工公司依据执行程序对债权人大田公司进行的个别清偿，该清偿具有法律效力。

本案中，法院受理债务人若辉化工公司破产申请的时间为2017年8月25日，大田公司执行完毕的时间为2017年3

月 25 日，该债权被强制执行清偿的时间在破产申请受理前的 6 个月之内，依据《破产法解释（二）》第 15 条规定，债务人经诉讼、仲裁、执行程序对债权人进行的个别清偿，管理人依据《破产法》第 32 条的规定请求撤销的，人民法院不予支持。但是，债务人与债权人恶意串通损害其他债权人利益的除外。《破产法》第 32 条规定，人民法院受理破产申请前 6 个月内，债务人有《破产法》第 2 条第 1 款规定的情形，仍对个别债权人进行清偿的，管理人有权请求人民法院予以撤销。但是，个别清偿使债务人财产受益的除外。

4. 管理人蒙大律师事务所不能对若辉化工公司提前清偿的大地公司的货款主张撤销权。破产申请受理的时间为 2017 年 8 月 25 日，若辉化工公司 2016 年 12 月 4 日即提前清偿了大地公司的 300 万元债务，而该笔债务的实际到期时间为 2017 年 2 月 10 日，在破产申请受理前 6 个月时间之外。依据《破产法解释（二）》第 12 条的规定，该笔债务不在若辉化工公司管理人行使撤销权可及的范围内。《破产法解释（二）》第 12 条规定，破产申请受理前 1 年内债务人提前清偿的未到期债务，在破产申请受理前已经到期，管理人请求撤销该清偿行为的，人民法院不予支持。但是，该清偿行为发生在破产申请受理前 6 个月内且债务人有《破产法》第 2 条第 1 款规定情形的除外。

5. 管理人要求孟强向其申报职工债权的说法是错误的，因为依据《破产法》的规定，职工债权无须申报。依据《破产法》第 48 条第 2 款的规定，债务人所欠职工的工资和医疗、伤残补助、抚恤费用，所欠的应当划入职工个人账户的基本养老保险、基本医疗保险费用，以及法律、行政法规规定应当支付给职工的补偿金，不必申报，由管理人调查后列出清单并予以公示。职工对清单记载有异议的，可以要求管理人更正；管理人不予更正的，职工可以向人民法院提起诉讼。

管理人要求孟强在破产宣告后依法参与分配的说法是正确的，孟强的职工债权无优先受偿权，但属于债务人财产优先清偿破产费用和共益债务后第一顺序应当清偿的债务。依据《破产法》第113条的规定，破产财产在优先清偿破产费用和共益债务后，依照下列顺序清偿：破产人所欠职工的工资和医疗、伤残补助、抚恤费用，所欠的应当划入职工个人账户的基本养老保险、基本医疗保险费用，以及法律、行政法规规定应当支付给职工的补偿金。

6. 绿野公司有权主张500万元的债务抵销权。因为绿野公司于2016年10月10日已经受让鼎辉公司对债务人若辉化工公司的250万元债权，而债务人若辉化工公司的破产申请是在2017年8月25日被人民法院受理的。因此，该抵销主张是有效的。依据《破产法》第40条的规定，债权人在破产申请受理前对债务人负有债务的，可以向管理人主张抵销。但是，有下列情形之一的，不得抵销：债务人的债务人在破产申请受理后取得他人对债务人的债权的……

7. 蓝天公司的主张不合法，其机器设备的损失只能作为普通债权，申报后按照顺序清偿，因为若辉化工公司对其机器设备的处分发生在破产申请受理之前的2017年7月25日（破产申请受理日为2017年8月25日）。而绿地公司的主张合法，其机器设备损失的债权可以作为共益债务来优先清偿，因为若辉化工公司对其机器设备的处分行为发生在破

产申请受理之后的 2017 年 9 月 25 日。依据《破产法解释
（二）》第 30 条规定，债务人占有的他人财产被违法转让给
第三人，依据《物权法》第 106 条的规定第三人已善意取得
财产所有权，原权利人无法取回该财产的，人民法院应当按
照以下规定处理：第一，转让行为发生在破产申请受理前
的，原权利人因财产损失形成的债权，作为普通破产债权清
偿；第二，转让行为发生在破产申请受理后的，因管理人或
者相关人员执行职务导致原权利人损害产生的债务，作为共
益债务清偿。

8. 抵押权人建设银行无权在债权申报后即行使抵押权
并针对抵押物优先受偿，其抵押权的行使须受到已经开始的
破产程序的约束，在破产宣告之后方可依法行使抵押权并针
对抵押物价值优先受偿。依据《破产法》第 109 条的规定，
对破产人的特定财产享有担保权的权利人，对该特定财产享
有优先受偿的权利。

9. 迪奥公司需要补充申报债权，但此前已经进行的分
配，不再对其补充分配。依据《破产法》第 56 条，在人民
法院确定的债权申报期限内，债权人未申报债权的，可以在
破产财产最后分配前补充申报；但是，此前已进行的分配，
不再对其补充分配。为审查和确认补充申报债权的费用，由
补充申报人承担。债权人未依照《破产法》规定申报债权
的，不得依照《破产法》规定的程序行使权利。